Prologo

Il dito scorre lentamente su e giù lungo l'elenco dei nomi sul registro, ma è tutta scena. In realtà so già benissimo chi chiamerò, come so benissimo chi ha studiato e chi no. È stata sufficiente un'occhiata, appena entrato in classe, per fare una radiografia delle facce e scoprire chi ha passato il pomeriggio precedente in chiacchiere idiote su Messenger invece che sui libri. Gli studenti, nessuno escluso, non hanno la faccia da giocatore di poker.

Li lascio friggere in silenzio ancora per qualche secondo, poi alzo lo sguardo e lo dirigo su Panconi, che è preparato, ma che subito inizia a sentirsi a disagio. Con la coda dell'occhio non mi sfugge l'espressione di sollievo di De Marco, seduta dalla parte opposta della classe.

È brava, una delle migliori, ma negli ultimi tempi è in crisi, il suo ragazzo l'ha lasciata. Ieri non ha aperto libro, è evidente.

«Bene, bene» dico continuando a fissare Panconi, «credo proprio che chiamerò... De Marco.»

Trascorre qualche istante prima che la ragazza si renda conto che ho pronunciato il suo nome. Quando finalmente realizza mi guarda smarrita, sperando ancora in un errore. Siamo quasi al termine dell'anno e con questo brutto voto la ex studentessa modello probabilmente si rovinerà in modo significativo la media finale. Infatti si alza e viene alla cattedra con l'allegria di un animale condotto al macello: ecco perché non ho mai concesso le interrogazioni programmate. Toglierebbero tutto il gusto.

Settembre

1 settembre 2008

Prendo servizio all'istituto tecnico De Bernardi.

«Professor Gianmarco Perboni? Buongiorno, sono Vera Camini, la vicepreside. Stavo appunto provvedendo all'assegnazione delle sezioni. Pensavo di darti il corso C.»

Poiché sono l'ultimo arrivato, il corso C dev'essere sicuramente il peggiore, ma per me non fa molta differenza: gli studenti hanno questo di bello, che sono tutti uguali. Sezione C, A o H non cambia niente. Lo so da sempre, dall'inizio della mia carriera, quasi vent'anni fa.

Ho cominciato a insegnare in una scuola privata, come molti insegnanti alle prime armi. Delle scuole private si dice in genere che ti promuovono per forza perché sei un cliente e paghi. Non è vero. Ti promuovono anche se non paghi: ho visto studenti in arretrato di mesi con il pagamento della retta, che pure venivano promossi, nella speranza che la promozione inducesse i genitori a saldare il debito.

Molti colleghi e colleghe se ne facevano un cruccio. Sembrava loro di perdere in dignità nell'essere costretti a promuovere i peggiori somari della provincia e si battevano strenuamente per una maggiore severità di giudizio nei confronti degli studenti/clienti. Personalmente non ci spendevo neppure un secondo di tempo, ben sapendo che il cliente ha sempre ragione. D'altronde, il motivo per cui tutti ci trovavamo lì era uno solo: il punteggio.

Fuori dall'Italia accade spesso che l'istruzione pubblica sia fatiscente e che chiunque può permetterselo ricorra a quella privata, per garantire ai figli un titolo di studio prestigioso. Da noi invece la scuola privata è sempre stata l'ultima spiaggia dei somari e il frequentarne una la patente degli imbecilli.

Certo, negli ultimi anni le cose sono cambiate ed è ormai in atto un poderoso picconamento da destra e da sinistra della scuola statale. Il perché io lo so, ma lo tengo per me, o forse lo scriverò un giorno, quando mi deciderò a fare un libro di questo diario; la conseguenza non è stata un'inversione di ruoli, come qualcuno potrebbe pensare o forse pensa, per cui la scuola privata avrebbe assunto quel ruolo di prestigio prima riservato alla statale, bensì un sostanziale livellamento: adesso sono spazzatura entrambe. Lo sfascio della scuola pubblica, paradossalmente, danneggia anche la privata: scomparsi la severità e il rigore di un tempo, non c'è più bisogno per i ciuchi di andare a trovare rifugio nella scuola privata. Stanno benissimo anche nella statale.

Gli insegnanti, se la scuola privata è parificata, insegnano in cambio di compensi magrissimi perché il punteggio che accumulano è valido anche per la scuola statale. Perciò stringono i denti e lavorano quasi gratis. Niente di più lontano da alcuni modelli stranieri, dove le varie istituzioni scolastiche cercano di aggiudicarsi gli insegnanti migliori per mantenere il proprio prestigio.

Ma ho già detto che dei mali della scuola italiana scriverò un'altra volta.

Torniamo agli studenti.

Con quelli delle private, non avendo il coltello dalla parte del manico, capii subito che conveniva farseli amici. D'altra parte ero ancora giovane, la differenza d'età non era molta, se era bel tempo si andava al bar vicino a prendere un gelato (offerto dagli studenti) e le giornate scorrevano noiose ma tranquille.

Certo, se avessi voluto scrivere uno stupidario sulle castronerie sparate dai miei studenti, quello sarebbe stato il periodo migliore. Perché in una scuola privata si fanno gli esami di idoneità.

Breve spiegazione per i non addetti ai lavori: coloro che frequentano i cosiddetti «centri studio» per fare due anni in uno (la *crème de la crème* dell'asineria, studenti da campionato mondiale dell'ignoranza) per accedere poi alla classe successiva devono a fine anno sostenere un esame, l'esame di idoneità appunto.

Che di esame ha solo il nome, per il solito discorso che per sostenerlo si paga profumatamente. Il povero insegnante di scuola privata deve quindi sorbirsi anche questa passerella finale di studenti (?), talmente imbecilli da non sapere neppure che debbono fingere. A questi sedicenti esami sovrintende infatti un commissario esterno, che vigila sulla regolarità dello svolgimento; normalmente viene tenuto impegnato nella degustazione di caffè e pasticcini, perché non si accorga più di tanto che verranno promossi degli analfabeti, ma ogni mezzora si fa un giretto per ascoltare gli orali in corso di svolgimento.

Vedendolo avvicinarsi, ordino al beota che mi trovo davanti (che verrà ammesso in quinta liceo linguistico, ma di tedesco non sa dire neppure come ti chiami):

«Adesso ti faccio una domanda in tedesco, lingua che il commissario non conosce; tu mi rispondi *ich wohne in* più la città dove abiti, ok?»

Sguardo da tonno in risposta. Il commissario si piazza accanto a noi.

«*Wo wohnst du?*» (Dove abiti?)

«*Ich wohne in* più la città dove abiti.»

Non sono alla prima esperienza in questo tipo di esame, quindi avrei dovuto aspettarmelo, anzi posso considerare già un successo che non mi abbia ripetuto anche «ok?». Per fortuna ho già imparato a sviluppare una faccia come il culo, per cui mi alzo con aria soddisfatta e dico: «Bene, per me era l'ultima domanda, puoi accomodarti a un'altra materia. Commissario, io vado a prendermi un caffè, ne vuole uno anche lei?».

11 settembre 2008

Primo giorno di scuola. Prima ora in quarta C.

Non mi conoscono.

La mia norma di condotta dice che, appena arrivati in classe per la prima volta, è bene spegnere subito gli entusiasmi.

Dirigendomi alla cattedra, nei cinque passi che occorrono dalla porta alla trincea dove siederò, ho già individuato quali sono le coppie più affiatate, quelle che subito si scambiano commenti sul nuovo insegnante.

«Tu e tu» indico non appena ho posato la mia borsa sul ripiano, «scambiatevi di posto.»

«Ma professore...»

«Anche tu e tu.»

Non c'è una regola d'oro nel comportamento dell'insegnante, ma se ci fosse sarebbe: «Mai rispondere alle proteste degli studenti». È sufficiente lasciare che i propri ordini vengano messi in discussione anche una sola volta e non ci sarà mai più modo di imporsi.

«Professore, noi...»

«Hai alzato la mano per avere il permesso di parlare?»

«No, ma...»

«Hai alzato la mano per avere il permesso di rispondere?»

Non ci sarà bisogno di ripetere la stessa procedura nelle classi delle ore successive. Basta concedere il permesso di uscire al primo che lo chiede e a quel punto la voce di radio scuola nei corridoi diffonderà la notizia: «Il nuovo professore di inglese è una carogna».

Ma non è stato sempre così. Dopo la gavetta nelle scuole private, una volta accumulato sufficiente punteggio, si inizia a venire chiamati per fare supplenza nelle scuole statali. Fra il supplente che rimane per poco tempo e un pezzo di merda c'è poca differenza: gli studenti fanno appena caso al fatto che sieda in cattedra, se chiede una fotocopia al bidello costui gliela fa apparire come la concessione di un beneficio cardinalizio, i colleghi lo squadrano con l'aria di compatimento del macchitelhaffattofà.

Anche qui, gli idealisti se ne facevano una croce, angosciati dal non poter espletare la sacra missione dell'insegnamento in modo corrispondente alle loro aspettative. Io attendevo tranquillo e in silenzio, sicuro che un giorno sarebbe arrivato il momento della vendetta. Che puntualmente giungeva, nel mese di giugno.

Nel corso dell'anno si faceva uno spezzatino di supplenze – un mese qui, due mesi là – arrivando a invidiare coloro che per il proprio sostentamento vendevano il culo sui viali, alla sera. L'anno poi si chiudeva con la partecipazione agli esami di maturità, e quello era il momento per rifarsi. Prima che varie e sconsiderate riforme lo snaturassero, l'esame di maturità era un ostacolo serio. Talmente serio che la maggior parte degli insegnanti di ruolo preferiva aggirarlo, dietro presentazione di tonnellate di certificati medici. Il supplente che faceva domanda come sostituto commissario alla maturità era certo di venir chiamato.

Nulla di più probabile che capitasse nella commissione di una delle tante scuole dove aveva fatto uno spezzone di supplenza.

A me è successo.

La luce di puro terrore che compariva negli occhi degli studenti, la mattina dello scritto di italiano, quando vedevano per la prima volta i membri della commissione e riconoscevano nel professore di inglese lo stesso che non avevano cagato durante il mese scarso in cui era transitato nella loro classe, lo stesso che li aveva avvisati: «Ridete ora perché se mi avrete in commissione piangerete...». Insomma, un tantino di soddisfazione la dava.

Devo dire a mio merito che non ho mai fatto niente per far spegnere quella luce, scorticando e spellando vivi i malcapitati durante l'orale, lottando strenuamente per bocciarli e riuscendo sempre a ottenere quanto meno un abbassamento del voto finale.

I supplenti di oggi non sono più così. Fra i tanti mali della scuola italiana, dei quali mi ostino a non voler parlare, ma che continuano a spuntare numerosi come le insufficienze nei miei registri, ce n'è uno che si chiama SSIS. All'interno di cotale istituzione vengono formati e poi sfornati gli insegnanti del futuro, all'insegna del «credere, obbedire, combattere». Ne escono in genere già in posizione a novanta gradi, per facilitare il compito a chi di dovere.

Non si può neppure commentare con il classico «chissà dove andremo a finire», perché già ci siamo finiti.

19 settembre 2008

Le cattive abitudini prendono piede fra gli studenti con rapidità impressionante.

È trascorsa soltanto una settimana dall'inizio della scuola e già devo arginare le uscite in bagno.

Gli alunni tendono pericolosamente a invertire la durata del tempo da trascorrere in classe con quello che vorrebbero passare in bagno. Naturale conseguenza è che le uscite in bagno devono essere concesse secondo criteri il più arbitrari possibile e che comunque sfuggano a qualsiasi logica interpretativa da parte degli studenti. È importante mettere subito in chiaro che chi chiede di andare in bagno lo fa comunque a suo rischio e pericolo: nulla vieta all'insegnante di interpretare il gesto di chi alza la mano per uscire come quello di chi si offre volontario per un'interrogazione (non importa se siamo nel bel mezzo di una spiegazione: un brutto voto non si nega mai a nessuno).

Certo, si tratta di una battaglia sempre più dura: in questi ultimi anni gli studenti si sono fatti furbi (o così almeno credono) e giungono a scuola muniti di certificato, il quale attesta a chiare lettere – rinunciando così all'abituale grafia geroglifica dei medici – che il ragazzo, poverino, soffre di disturbi che gli rendono necessario usufruire del bagno ogni qualvolta egli o ella lo richieda.

Le prime volte mi limitavo ad accartocciare il foglio per poi esibirmi in un bel lancio a canestro, poi ho scovato metodi più soddisfacenti.

Come oggi. Prima ora in seconda. Marianelli Barbara, che trascorre più tempo seduta sul cesso che sulla sedia dietro al banco, alza la mano.

«Professore, devo uscire.»

«Devi?»

«Ho il certificato.»

«L'ho visto, ma è un po' generico. Non specifica il motivo per cui ci sarebbe questa necessità di non porre freni alle tue frequenti minzioni. Si tratta di problemi legati al ciclo mestruale?»

Rossore.

«Per caso hai iniziato a prendere la pillola anticoncezionale? So che causa una certa incontinenza.»

Sghignazzi della classe, che non mi do cura di reprimere.

«Capisci bene che, visto che mi presenti un certificato dove si dice che corri un costante pericolo di fartela addosso, mi sento autorizzato a entrare un po' più nel dettaglio, poiché è evidente che non tieni alla riservatezza. Se il tuo medico lo ha rilasciato avrà avuto le sue buone ragioni, sicuramente anzi c'è già stato qualche episodio che lo giustifica. Ti è capitato di bagnare la poltroncina del cinema per caso?»

La ragazza rientra a posto a testa bassa. Posso stare sicuro che per il resto dell'anno non chiederà più di uscire durante le mie ore.

20 settembre 2008

Dopo una decina di giorni di orario provvisorio, ho ricevuto oggi quello definitivo, che entrerà in vigore la prossima settimana. Mediamente schifoso, ma neppure troppo.

In genere redigere l'orario è una via crucis.

Il poveraccio fra gli insegnanti che si sobbarca l'onere di compilare l'orario (un masochista?) è sicuro di guadagnarsi l'odio imperituro dei colleghi in blocco. Verso la fine dell'anno scolastico circola il foglio dei desiderata, sul quale ciascuno indica, per l'anno successivo, quale sia il giorno libero che vorrebbe ed eventuali preferenze sull'orario.

Il novanta per cento indica come giorno libero il sabato.

Impossibile accontentare tutti, ovviamente, a meno di lasciare deserta la scuola al sabato; al massimo lo si può concedere al quaranta per cento degli insegnanti, perciò abbiamo già in partenza un buon sessanta per cento di scontenti, rancorosi poiché la preferenza non è stata accordata a loro.

Un certo numero di colleghi, poi, indica anche preferenze sulla sistemazione delle ore nell'arco della mattinata; non è raro trovare richieste del tipo: «Dal lunedì al mercoledì sempre le prime ore perché in tarda mattinata devo accompagnare mia madre a una terapia, giovedì e venerdì invece le ultime perché mia figlia ha il giorno lungo e non devo andare a riprenderla a scuola. Cerca di non mettermi due ore nella stessa classe a cavallo della ricreazione perché sennò è un problema con i compiti e possibilmente mai dopo educazione fisica perché arrivano sempre in ritardo dalla palestra e poi...».

Con la migliore buona volontà, colui o colei che stila l'orario può soddisfare, se va bene, un dieci per cento di queste richieste, scontentando quindi quasi tutti coloro che le hanno presentate. I precari, poi, che arrivano a giochi già fatti, si beccano quello che trovano, muti e rassegnati. E ovviamente scontenti. Se non ho sbagliato i calcoli la percentuale degli insoddisfatti dell'orario, a questo punto, ha già superato il cento per cento (c'è infatti chi è scontento due volte: perché non ha il giorno libero richiesto e neppure la disposizione delle ore come desiderava).

L'«orarista» inoltre non accontenta neppure se stesso, poiché nel tentativo di accomodare il maggior numero possibile di colleghi piazza le proprie ore dove non le vuole nessuno, costruendosi un orario pieno di buchi come un groviera.

Per concludere basta aggiungere che, come ogni incarico extra nella scuola, anche quello di redigere l'orario viene pagato una miseria, perciò il nostro eroe avrà lavorato come un somaro e si sarà fatto odiare per pochi euro.

Personalmente ho sempre cercato di dribblare gli incarichi extra insegnamento, per due buoni motivi. Il primo, l'ho già detto, è che sono pagati pochissimo. Il secondo è che non sono pagati abbastanza.

Non è un gioco di parole. Se anche questi incarichi fossero retribuiti in misura pari all'impegno che richiedono, non sarebbe comunque abbastanza. Voglio dire che la preoccupazione principale e quasi unica degli insegnanti dovrebbe essere quella di insegnare e (carognescamente) educare, mentre questi «secondi lavori» fagocitano spesso l'obiettivo primario. Come un automobilista che si preoccupi di gonfiare la ruota di scorta e lasci a terra quelle su cui viaggia.

Prendiamo per esempio l'insegnante che si occupa dell'orientamento in entrata, cioè che deve battere (il verbo non è casuale) le scuole medie della provincia in una frenetica campagna acquisti, cercando di convincere il maggior numero possibile di studentelli di terza media a iscriversi alla sua scuola l'anno successivo, decantandone le lodi con una faccia tosta che farebbe impallidire Vanna Marchi. Questo impegno da solo gli porta via una media di trenta mattinate piene, durante le quali invece di essere in classe a fare lezione si cimenta nel ruolo di imbonitore. Non di rado le sue lezioni, quando le fa, sono interrotte perché lo chiamano al telefono: c'è un appuntamento da spostare, una richiesta di chiarimenti da una scuola media, di materiale informativo da un'altra. In più deve mettere in conto pomeriggi e serate per curare la preparazione degli opuscoli e chissà che altro. Insomma, un autentico secondo lavoro, al quale manca un piccolo particolare per potersi definire tale: un secondo stipendio. Anche qui, a fine anno, senza fretta, una mancia di poche centinaia di euro (lordi) con i quali permettersi una sontuosa pizza (in caso di famiglia numerosa meglio se al taglio).

Con questa e con molte altre mansioni dello stesso stampo, in pratica, si chiede all'insegnante di essere assistente sociale, avvocato, psicologo, pubblicitario, informatico, commercialista... con piena competenza e piena disponibilità di tempo.

Gratis.

Serve altro?

Se poi penso a quelli che sono chiamati «progetti» mi viene da ridere (nel senso di piangere). Per ora basta così.

22 settembre 2008

Con grandi mugugni da parte degli studenti in toto comincio già oggi, dopo soli dieci giorni dall'inizio della scuola, a far fare i compiti in classe. Il compito in classe, per l'insegnante, è una solenne rottura di coglioni. Primo perché va preparato, secondo perché va corretto. L'unico modo per trarne soddisfazione è farlo difficile, così da poter mietere un bel raccolto di brutti voti.

Per dire la verità, la prima fase, cioè la preparazione, oggigiorno sarebbe già bella che pronta. Ogni libro di testo adottato, infatti, è accompagnato da una guida per l'insegnante, in fondo alla quale si trovano una serie di prove di verifica precotte. E qui devo aprire una parentesi nella parentesi.

Una volta c'erano i compiti in classe e le interrogazioni. Adesso si chiamano «verifiche scritte e orali». Prima c'era il preside, ora il «dirigente scolastico». Anche il bidello è stato promosso a «collaboratore scolastico». Se un tempo l'insegnante poteva limitarsi a fare lezione, ora deve articolare i suoi moduli in unità di apprendimento, ciascuna con il proprio obiettivo di recupero, consolidamento e potenziamento, verificando conoscenze e competenze, settoriali o trasversali. E non preoccupatevi se non avete capito quasi nulla, è così anche per la maggior parte degli insegnanti stessi. Non pensate neppure che il cambiamento sia stato solo formale, e che cambiando i nomi la sostanza sia rimasta la stessa. Niente affatto. È peggiorata. La qualità dell'insegnamento è notevolmente scaduta, perché i professori sono troppo impegnati ad adempiere alle formalità burocratiche di una corretta «programmazione curricolare», per avere poi sufficienti energie da dedicare a una sana spiegazione (parola bandita, sostituita da «esposizione dei contenuti»).

Le verifiche scritte già pronte nella guida per l'insegnante, dicevo, risparmiano il tempo e la scocciatura di doverle redigere, ma sono ahimè troppo facili. O meglio si limitano a chiedere ciò che è stato studiato, senza nessuno di quei tranelli, trabocchetti e domande carogna che invece sono lo scheletro dell'autentico compito in classe *old style*. Per questo vale la pena di impiegare un po' di tempo per prepararselo da soli, si viene ripagati al momento della correzione.

Ma qualche piccola soddisfazione la si gusta anche durante lo svolgimento del suddetto compito.

Non importa aver studiato le teorie comportamentali sul linguaggio non verbale per individuare lo studente che ha intenzione di copiare. Non si deve essere indovini per capire dove ha nascosto i foglietti che intende sbirciare.

Non appena l'insegnante gli posa gli occhi addosso, il reo mostra esagerata indifferenza, alza gli occhi in espressione finto-pensosa, apre improvvisamente il vocabolario, che sfoglia per poi richiuderlo senza avervi letto nulla, e spia continuamente il momento in cui non sarà più osservato.

Se apre e richiude spesso l'astuccio, avrà i suoi foglietti nascosti là dentro, se si rovista in tasca in cerca del fazzoletto allora sarà quello il luogo del misfatto, e così via.

La copiatura non va assolutamente prevenuta. Anzi. Così facendo si impedirebbe allo studente presunto furbo di commettere l'infrazione e non si potrebbe dar luogo alla conseguente punizione. Per questo è necessario allentare la vigilanza e sedersi alla cattedra, fingendo di essere molto presi dalla correzione di altri compiti o dalla lettura di qualche scartoffia (a differenza degli studenti, gli insegnanti sanno fingere molto bene).

Oggi è la compilazione di alcuni moduli a tenermi apparentemente occupato, mentre la terza C suda sui periodi ipotetici del terzo tipo. Dopo alcuni minuti di questo assorto lavoro, sempre senza alzare la testa dal foglio che mi assorbe così tanto, dico: «Moccia, vuoi portarmi il tuo astuccio per favore?». Il fatto che lo abbia chiesto per favore fa subito capire a Moccia che per lui tira un'aria pessima. Sono ancora occupato a estrarre dal suo astuccio una serie pressoché infinita di fotocopie ridotte, bigliettini e coriandoli vari quando aggiungo: «Facciamo così, Moroni, se nel percorso dal tuo banco alla cattedra, mentre vieni a consegnarmi il vocabolario, riesci a mangiarti tutti i foglietti che vi hai appiccicato, comprensivi del nastro adesivo che li tiene fermi perché non volino via, non ti farò niente». La malcapitata Moroni, incapace come tutti gli studenti di apprezzare l'ironia, ci prova davvero e arriva alla cattedra tossendo e sputacchiando pezzetti di carta.

Mentre posso capire che gli studenti continuino a cimentarsi nella *mission impossible* di copiare nei compiti scritti, mi è difficile comprendere perché si ostinino a voler suggerire durante le interrogazioni. Se nel primo caso esiste una remota possibilità di farla franca, è da kamikaze azzardarsi anche solo a sillabare senza voce un suggerimento. Le regole infatti sono chiare: il suggerito se ne torna a posto con un due, il suggeritore se lo becca senza neppure la fatica di alzarsi dal banco, risparmiandomi il disturbo di interrogarlo.

Di interrogazioni al banco ovviamente non se ne parla, il portatore di ignoranza deve percorrere la sua via crucis fino alla cattedra e rimanervi a lato, il più possibile a disagio, per cui i suggeritori dal proprio banco sono costretti a contorcere il volto in smorfie degne di Totò per far passare l'imbeccata e vengono da me regolarmente impallinati ed esposti al ludibrio per la loro imperizia.

24 settembre 2008

Gli altri insegnanti sono quasi tutti nuove conoscenze e per ora sono pochi quelli con cui ho confidenza. In genere prendo da solo il caffè alla macchinetta e, facendo finta di nulla, ascolto le conversazioni che si svolgono fra i colleghi, ma soprattutto le colleghe, che vi si recano a coppie («Oggi offro io.»)

«Hai saputo della Marchionne?»

«No, ho visto che non è a scuola. Le è capitato un incidente?»

«Più o meno. L'ha lasciata il marito.»

«Ma dai! Poverina! Immagino che sarà a pezzi.»

«Puoi ben dirlo. Lui si è messo con una più giovane di vent'anni.»

«Succede sempre così, gli uomini dopo i cinquanta perdono la testa. Per quanto lei, bisogna pur dirlo, con questo marito un po' aveva anche rotto le scatole: e Luigi è presidente dei Lion's, e Luigi va in barca a vela, e Luigi qui e Luigi là... E Luigi ti mette anche un bel paio di corna. Guarda, non ti dico che glielo auguravo, perché sono cose che non si augurano a nessuno, specialmente quando ci sono di mezzo dei figli, però un po' le sta bene. Tu ci hai parlato?»

«Mi ha mandato un messaggio poco fa. Dice che non se la sente di farsi rivedere a scuola, almeno per un po'.»

«Credi che chiederà il trasferimento? Perché è subito avanti a me in graduatoria interna e il preside dà sempre a lei il sabato libero e io devo ripiegare sul lunedì...»

30 settembre 2008

È già trascorso un mese dal mio ingresso in questo istituto e ormai ho percorso tutte le tappe obbligate di ogni nuovo ambiente scolastico. È così ogni anno, da quando terminai la fase del precariato di merda e iniziai quella del precariato stabile. Vale a dire che avevo accumulato sufficiente punteggio da garantirmi una solida posizione in graduatoria e, di conseguenza, invece che allo spezzatino di supplenze potevo ambire alla supplenza annuale. Che poi è annuale solo di nome, perché ti assumono a settembre e ti licenziano a giugno, e d'estate sei alla fame.

In tutti i casi cominci a entrare in classe da padrone, da insegnante che darà i voti in pagella e a fine anno deciderà delle sorti dei servi della gleba. Le cose vanno decisamente meglio.

Iniziato perciò il mio lungo percorso da precario, mi trovai a compiere il solito rituale della scelta della scuola. Per i non addetti ai lavori, ecco in breve la procedura. Si parte dallo Stato che vuole risparmiare e quindi – invece di coprire tutti i posti vacanti con nuove assunzioni in ruolo – li affida a dei supplenti, evitando così di pagar loro lo stipendio d'estate. In realtà agendo in questo modo non risparmia un bel nulla, anzi, genera dei costi aggiuntivi sui quali, se fossimo in un libro che parla delle disfunzioni della scuola (mi sembra di averlo già detto), ci sarebbe da disquisire a lungo.

Nel bel mezzo dell'estate quindi si effettuano le cosiddette «convocazioni» per l'assegnazione delle supplenze per l'anno scolastico successivo. Non c'è mai una data fissa e la si conosce sempre con pochi giorni di preavviso; vige il principio che siamo disoccupati e squattrinati e che nessuno possa permettersi il lusso di prenotare una vacanza. Se poi qualcuno lo fa, cazzi suoi: rientrerà a precipizio o si accontenterà di quanto gli viene assegnato d'ufficio.

Ci si ritrova così, in un'afosa giornata di luglio, nella scuola scelta come sede delle convocazioni, tutti insieme. Esatto: tutti gli insegnanti di un'intera provincia insieme alla stessa ora. Sempre in base all'assunto che siamo un branco di scioperati che trascorrono bighellonando le proprie giornate, non viene fissato un orario di massima per ciascuna disciplina e neppure una scansione fra mattina e pomeriggio. I disgraziati dell'ultima materia a cui saranno assegnate le supplenze (l'ordine in cui si susseguono ovviamente è del tutto casuale) se ne rimangono in coda per otto ore.

I precari storici ormai si conoscono tutti fra di loro e durante la lunga attesa contano gli assenti, che quindi sono passati di ruolo, inveiscono contro il ministero dell'Istruzione (pubblica durante i governi di sinistra, senza aggettivi durante quelli di destra, infame sempre e comunque) che non assume, contro il provveditorato (ha già cambiato nome un paio di volte, CSA, USP, sicuramente un altro fra breve) che costringe a queste maratone estive, contro il caldo, perché le scuole sono edifici invernali e d'estate dentro si bolle.

A volte viene da pensare che ce lo meritiamo. Quali siano le cattedre disponibili si sa, ognuno conosce la propria posizione in graduatoria e ha già chiesto a chi lo precede quali scelte farà, per cui al momento di venir chiamati siamo ormai sicuri della scuola che sceglieremo. C'è sempre chi, però, è preso dai dubbi dell'ultimo secondo e, una volta sedutosi davanti al funzionario del provveditorato (CSA, USP o che altro) sente il bisogno di estrarre il telefonino per chiedere estremo consiglio al marito/ moglie, fidanzato/ fidanzata, amico/a del cuore, nonni e parenti vari o a un assortimento degli stessi. Incurante delle proteste di chi attende già da ore il proprio turno, si attarda a riferire alla persona all'altro capo del telefono l'elenco completo delle cattedre disponibili, soppesando per ognuna pro e contro in termini di distanza da casa, bontà del preside, delinquenza degli studenti e abbondanza di parcheggi.

Ripensandoci adesso, credo che si debba allo sfinimento procuratomi dall'afa il fatto che in tutti questi anni io non abbia mai accoltellato alle spalle nessuno di questi loschi figuri, sebbene l'azione mi avrebbe sicuramente procurato una *standing ovation* dei presenti.

Ottobre

4 ottobre 2008

Interrogazione in prima. Burlandi Paolo, accanto alla cattedra, farebbe la sua degna figura in un film muto, visto che, pur loquacissimo al banco con i compagni, non ha ancora aperto bocca a nessuna delle tre domande che gli ho posto. Domande a difficoltà decrescente, per appurare se il suo passaggio attraverso i tre anni della scuola media e i cinque della elementare abbia almeno lasciato qualche traccia.

Nessuna. È passato indenne e incolume lungo otto anni di istruzione. Ma è in numerosa compagnia. L'ignoranza degli studenti è congenita, abissale e irrimediabile.

Di libri che raccolgono le cazzate sparate dal volgo studentesco in classe e agli esami ce ne sono già troppi e io non voglio scrivere nulla più al riguardo, pur avendo diligentemente annotato in un quadernino le più clamorose che mi sia capitato di udire nei miei vent'anni dietro la cattedra.

Credo che solo l'ignoranza dei pubblicitari superi quella degli studenti. Ignoranza nel senso che ignorano il tipo di pubblico che hanno davanti (lo chiamano target, ma sono sempre persone). Come insegnante di inglese ho avuto modo di rendermene conto forse più di chiunque altro. Un solo esempio: *Life is Now*, slogan-tormentone di un'azienda di telefonia cellulare, rivolto in gran parte al pubblico giovanile. Frase semplicissima, composta da soggetto, verbo essere (il primo che si studia) e il più comune degli avverbi di tempo. Reso scaltro da anni di frequentazione degli abissi dell'ignoranza studentesca, lo scorso anno ho chiesto a un campione variamente assortito di giovani dalla prima alla quinta superiore di tradurre questo slogan che sentivo loro pronunciare spesso e volentieri. Segue la trascrizione fedele e autentica delle risposte:

Vivere alla grande.

Non è vita.

Ti amerò sempre.

Viviamo insieme.

La vita è bella.

Vivere o morire.

Vivere è avanti.

Solo per noi.

Viva la neve. (Semplicemente straordinaria: la mia preferita.)

Sono dovuto arrivare al ventesimo frequentatore immeritevole di aule per ottenere la risposta corretta. Se poi mi fossi cimentato con lo slogan di un navigatore satellitare, *Find your way the easy way*, non oso immaginare cosa sarebbe venuto fuori.

Una volta tanto voglio spezzare una lancia a favore degli studenti. Se loro hanno qualche pur misera ragione per giustificare la propria ignoranza, cosa possono addurre a propria discolpa i pubblicitari? Dove vivono? Come fanno a non sapere che una frase in inglese risulta incomprensibile al novantacinque per cento degli italiani? Mistero.

P.S.: Vogliamo dirne un'altra? C'entra poco con questo diario, ma tanto si sa che gli insegnanti hanno un sacco di tempo da perdere.

Dunque, fra le merendine più gettonate durante la ricreazione ce n'è una assai pubblicizzata anche in televisione, chiamata plumcake. Ogni volta che la vedo, terminata la ricreazione mi faccio dare l'involucro e chiedo alla classe di pronunciare la parola ad alta voce, al che tutti ripetono pedissequamente la pronuncia televisiva «plumkeik». Faccio allora notare che si tratta di una parola inglese e che la pronuncia dovrebbe essere «plamkeik». «Ma noi la pronunciamo all'italiana, va bene lo stesso» obietta puntualmente più di uno studente puntiglioso. Di nuovo faccio notare che anche questo non è esatto, perché la pronuncia italiana, semmai, è «plumkake». Dopo qualche secondo di sconcerto causato da questa ardita riflessione, l'argomento viene liquidato in genere con un: «Se lo dice la tv vuol dire che va bene così». Per minare almeno un po' questa sconsiderata fiducia nella televisione (e poi c'è ancora chi si meraviglia se i proprietari delle televisioni vincono le elezioni) chiedo se almeno qualcuno sa cosa significhi la parola *plum*. Ovviamente si tratta di un vocabolo sconosciuto e alla rivelazione che significa «susina» qualcuno giustamente osserva che in quella merendina di susine non c'è traccia. «Ma allora ci prendono per il culo!»

Per una volta tanto passo sopra alla parolaccia.

10 ottobre 2008

Ci siamo. Benesperi Pamela ha smesso di scrivere freneticamente. Benché tale attività coincidesse con un momento della mia spiegazione, ho capito subito che l'evento era casuale. Ciò che la impegnava così tanto era la stesura di un bigliettino da trasmettere a qualche compagno.

Ormai sono espertissimo: nel corso di vent'anni di insegnamento credo di aver sequestrato agli studenti un numero a quattro cifre di questi bigliettini. Per farlo ho usato le tecniche più varie: ho afferrato al volo quelli lanciati da un banco all'altro, li ho sfilati da sotto alla penna dello scrivente (talmente impegnato da non accorgersi neppure degli avvertimenti a mezza voce dei compagni che stava arrivando il professore), li ho ottenuti con l'intimidazione o con l'inganno. Ricordo anche qualche episodio in cui non sono riuscito a entrare in possesso del foglietto incriminato perché il colpevole ha preferito immolarsi divorandolo, piuttosto che consegnarlo.

Dallo sguardo furtivo lanciato da Benesperi capisco che la destinataria è Gigliotti Giulia. Fingo di cercare un esercizio da assegnare e passeggio fra i banchi sfogliando il libro. Mi soffermo dando ostentatamente le spalle a Benesperi e inizio a parlare: «Pagina 24, esercizio 2, Aggiani consegna pure a me il biglietto che Benesperi ti ha detto di passare a Gigliotti».

Leggo ad alta voce: «Se Carlo te lo chiede digli che ieri sera alle nove ero a casa tua xché è convinto che mi ha visto con Andrea e se scopre che è vero succede un macello.»

Mentre la classe sghignazza ripiego con cura il foglietto e lo metto in tasca. Un tempo li appallottolavo e li gettavo, poi mi è capitato di leggere qualcosa riguardo a uno studio sociologico condotto sulle scritte nei cessi pubblici e da allora li conservo. La maggior parte, inutile dirlo, riguardano sesso, amore e corna. Ecco i migliori.

Lorenzo ti amo, ti amo da morire sei tutta la mia vita non ti lascerò mai.

Il tuo cinciripino Pietro

[Nota del sequestratore: il cinciripino Pietro, benché appena diciassettenne, misurava già uno e novanta per novantacinque chili di peso, sfoggiava una barba alla Karl Marx, un cespuglio di capelli alla Cocciante e insomma assomigliava a tutto meno che a un cinciripino, qualunque cosa esso sia.]

x Susi

Vediamoci oggi alle tre a casa mia però dai appuntamento alla stessa ora a quel gonzo cornuto del tuo ragazzo proprio al bar davanti così limoniamo e lo spiamo dalla finestra mentre ti aspetta e si scazza.

x Barbara

Cazzo!!! le tue tette mi sembrano ogni giorno più grosse

ma come fai???

Un ammiratore arrapato

x Luigi

Quandè [sic] che ti decidi a lasciare quella troia anoressica che ci stai insieme?

Ma non lo vedi che ciò [sic] più tette io che lei tette e culo messi insieme?

x Meri

mi ha detto Sandro che vorrebbe mettersi con te ma c'ha paura perché stai con Michele che mena sodo. Allora mi ha detto di scriverti io questo biglietto che così se lo scopre lui poi io gli dico che era uno scherzo mio.

La tua x sempre migliore amica Sara

x Sabri

Alessia mi ha raccontato che c'hai provato con Marco anche se ti avevo detto che lo dovevi lasciare stare perché m'interessava a me.

Ora per te sono cazzi.

La tua ex amica del cuore Silvia

Luisa sei una stronza!!!
P.S. Questa grossa macchia marrone NON è pennarello
[Nota del sequestratore: purtroppo era vero.]

15 ottobre 2008

La maggior parte dell'anno scolastico, una volta entrati nel meccanismo di un istituto, scorre in modo noioso e uniforme.

Per tutto quello che non riguarda l'ingresso in aula, ovviamente.

Ogni volta che si entra in classe si deve avere la stessa circospezione del domatore che si avvicina alle sue fiere: per quanto possa conoscerle, è bene non fidarsi troppo. Se agli studenti dai un dito, ti divorano la metà del corpo cui quel dito appartiene e piantano una bandierina anche sul rimanente mezzo.

Quest'anno sono in un tecnico ma per molti anni ho insegnato negli istituti professionali, dove esiste una disciplina chiamata «terza area», che sarebbe una specie di insegnamento specialistico su argomenti specifici, impartito da esperti esterni alla scuola.

Ho visto arrivare questi «esperti», in genere affermati professionisti, li ho visti guardare noi insegnanti dall'alto in basso, del tipo «meno male che ci degniamo noi di portare un po' di vera conoscenza in questo ambiente», li ho visti avviarsi sicuri di sé verso le classi, convinti di tenere una lezione universitaria di fronte a un pubblico attento e interessato, li ho visti ritrovarsi d'improvviso davanti a una ventina di scalmanati, nessuno dei quali teneva nella minima considerazione la loro presenza, li ho visti azzardare un timido «allora ragazzi iniziamo» e venire zittiti da un incisivo «ma che cazzo vuoi», li ho visti fuggire a gambe levate e in lacrime dopo appena un quarto d'ora.

Sono soddisfazioni.

Il fatto è che gli studenti tendono all'indisciplina come i politici all'impunità. Fa parte della loro natura.

Al pari dell'impunità dei politici, l'indisciplina degli studenti è un problema che è venuto aggravandosi nel corso degli ultimi anni. Si può disquisire su quali siano le cause sociologiche di questo fenomeno (parlo della disciplina a scuola, non dell'impunità dei politici, per quest'ultima le cause sono chiare) e lo si è fatto. Anzi, noi insegnanti siamo stati tempestivamente informati sull'argomento tramite alcuni dotti corsi di aggiornamento, magnificamente in grado di riuscire a non dire neppure una parola che già non sapessimo su crisi della famiglia, dei valori e quindi la scuola bla bla bla. Se poi verso la fine, dall'ultima fila dove sonnecchiava vinto da tedioso torpore, un partecipante (io) alzava la mano e chiedeva: «Va bene le cause, ma per quanto riguarda rimedi e soluzioni, che possiamo fare per avere più disciplina in classe?», l'altrettanto magnifica risposta del luminare profumatamente pagato per aggiornarci era uno sconsolato allargare le braccia: «Non ci sono soluzioni».

Grazie.

Ogni insegnante si arrangia quindi come può, scegliendo un suo personale metodo. Alcuni funzionano, altri meno, altri per niente.

Partiamo da questi ultimi.

Metodo «complicità e amicizia». In assoluto il più disastroso. L'insegnante si pone sullo stesso piano degli alunni, chiacchiera con loro del più e del meno, ride e scherza, ne accetta le confidenze, nella convinzione di conquistarne l'amicizia e il conseguente rispetto. Tutto bene, finché non ci scappa il primo quattro. «Ma come?» insorgono compatti gli adolescenti traditi nelle loro aspettative, «c'era fra di noi questo rapporto così bello e tu (sì, perché questi insegnanti arrivano fino a farsi dare del tu) lo rovini dandoci delle insufficienze?» Il malcapitato professore prova a pigolare un «però per distinguere chi ha studiato...» «Chi ha studiato» gli ruggiscono contro, «è giusto che prenda nove o dieci, ma per gli altri meno di sei no, assolutamente!» Al poveraccio non rimane che sottomettersi al diktat oppure accettare la guerra aperta che da quel momento gli studenti combatteranno contro di lui. In ogni caso il risultato più comune è un esaurimento nervoso.

Metodo «menefrego». Pericoloso. Adottato in genere da insegnanti scoglionati da anni di vani tentativi di una fruttuosa trasmissione del sapere alle giovani generazioni. Costoro entrano in classe e dicono: «Chi vuol seguire le mie lezioni si mette in prima fila, chi vuol fare i cazzi suoi se ne va in fondo, basta che non rompa i coglioni». Le parolacce sono d'obbligo per far capire ai ragazzi che non si trovano di fronte un pivello, bensì un insegnante scafato, e che a fare come dice lui ci guadagnano tutti. Tutto bene, se non fosse che lasciare i ragazzi liberi di svolgere attività incontrollate in classe è una mina vagante pronta a esplodere. Ci vuol poco a ritrovarsi i carabinieri a scuola.

Passiamo ai metodi parzialmente efficaci.

Metodo «rapporti disciplinari». L'insegnante sanziona con una nota sul registro tutte le infrazioni. Apparentemente è uno spauracchio efficace, ma è indispensabile che poi il consiglio di classe faccia seguire delle punizioni adeguate a questi rapporti, perché non restino lettera morta. È necessario quindi che ci sia un consiglio di classe unito. Ora, i consigli di classe uniti esistono. Sicuramente. Io però non ne ho mai incontrati. Un consiglio di classe di dieci insegnanti è di solito diviso in undici fazioni, perché c'è chi non va d'accordo neppure con se stesso e sostiene due opinioni diverse. Risultato: una volta che i ragazzi si sono accorti che il rapporto disciplinare è uno spreco d'inchiostro, ingaggiano simpatiche gare a chi ne colleziona il maggior numero.

Metodo «bastone e carota». L'insegnante stipula un patto con la classe. In breve: comportatevi bene e verrete gratificati, comportatevi male e vi sego. In teoria è efficace, ma presuppone che la controparte sia sufficientemente furba da saper apprezzare un'offerta così vantaggiosa. Ora, gli studenti furbi esistono. Sicuramente. Io però non ne ho mai incontrati. Dopo qualche tempo la naturale insofferenza degli studenti per le regole riprende il sopravvento, se ne fregano del bastone e si ritrovano con la carota piantata in quel posto.

Passiamo ai metodi efficaci.

Metodo «umiliazione». La cosa a cui l'indisciplinato tiene maggiormente è l'approvazione del gruppo classe; per fare della psicologia spicciola, si può dire che il suo comportarsi male è una forma di esibizionismo per mettersi in mostra davanti agli altri. Si prenda quindi il colpevole di un'azione nefanda e lo si chiami alla cattedra, a cui si avvicinerà con un sorrisetto di sufficienza. «Tua madre e tuo padre hanno litigato spesso di fronte a te?» Se anche c'era del chiacchiericcio in classe, di colpo scende un silenzio di tomba. «Non te lo chiedo per offenderti, sia ben chiaro, ma perché il tuo comportamento è tipico di chi ha gravi problemi familiari. Hai un fratello che si droga? Tuo padre ha perso il lavoro? O forse i tuoi non stanno più insieme e non vai d'accordo con il nuovo compagno di tua madre? Oppure mi sono sbagliato, e tutta questa esuberanza è solo un modo col quale sfoghi l'omosessualità repressa? Coraggio, parla, ci terrei ad aiutarti, per quanto posso.» Ma il ragazzo in genere non parla, tace a testa bassa. Dopo questa cura, i livelli di recidività sono bassi.

Metodo «culo». Consiste nell'avere una botta di culo e trovare una classe disciplinata. Ora, le classi disciplinate esistono. Sicuramente.

23 ottobre 2008

Giorno di accreditamento dello stipendio sul conto corrente. Mi rendo conto che ho già messo in fila un numero di pagine forse troppo cospicuo senza parlare dei due luoghi comuni presenti in ogni discorso sulla scuola: gli insegnanti guadagnano poco, ma in compenso non fanno un cazzo.

Partiamo da quest'ultimo. L'orario di insegnamento è di diciotto ore settimanali. Pochine, è il commento unanime. Diciotto ore in cui tenere a bada classi selvagge non sono affatto poche. Se suona male, posso tradurlo in «didattichese»: la gestione delle dinamiche del gruppo classe richiede un impiego e un dispendio di energie e risorse tali da non rendere proficua la sua estensione su un monte ore più elevato.

Ma poi chi l'ha detto che l'attività dell'insegnante comincia e finisce quando entra ed esce di classe? Vediamo: ogni settimana un'ora per il ricevimento genitori. E siamo a diciannove. Una legge della didattica recita che a ogni ora di lezione corrisponde un'ora di preparazione; sarebbero altre diciotto ore settimanali. Troppe? Va bene, consideriamone pure la metà, nove, e arriviamo a ventotto. Riunioni di programmazione, collegi docenti, ricevimenti generali dei genitori: per legge quaranta ore annue. Spalmiamole e aggiungiamo un'ora a settimana. Ventinove. Consigli di classe: altre quaranta ore annue. Siamo a trenta settimanali. Scrutini: per legge non può esistere un monte orario, perché debbono comunque essere espletati fino a conclusione; consideriamo un'altra ora settimanale e siamo a trentuno. Le diciotto ore settimanali difficilmente sono consecutive, in mezzo si frappongono le ore buche, che poi diventano ore lavorative perché, dovendo comunque rimanere a scuola, l'insegnante ne approfitta per fare le fotocopie per le lezioni, redigere i verbali delle sedute, eccetera. Calcolando tre ore di buco siamo a trentaquattro settimanali. Un normale orario di lavoro, caratterizzato dallo svantaggio di non essere fisso, perché gli impegni pomeridiani sono variabili, a volte imprevisti e con poco preavviso. La categoria degli insegnanti ha il più alto tasso di appuntamenti dal dentista cancellati all'ultimo minuto.

Il fatto che gli insegnanti guadagnino poco è uno di quei rari casi in cui un luogo comune corrisponde pienamente alla verità. A volte gli appuntamenti dal dentista sono cancellati per mancanza di soldi.

Euro accreditati questo mese: 1.298,75 (comprensivi di assegni familiari).

27 ottobre 2008

Oggi è lunedì, il mio giorno libero. In genere trascorro la mattina a casa, ma stavolta ho dovuto fare un salto in farmacia.

Ho già accennato alla scarsità cronica di furbizia nella plebe studentesca. Un altro prezioso indicatore ne sono le forche. Il buon senso vorrebbe che il forcaiolo e i suoi compagni di bisboccia si allontanassero il più possibile dalla scuola, prendessero l'autobus o il treno e si recassero in una città vicina, dove nessuno li conosca e possano trascorrere la mattinata ruttando coca cola in un fast food.

Niente di tutto questo. Per incoercibile coazione ad agire poco furbescamente il suddetto forcaiolo si presenta come prima cosa davanti al cancello della scuola, in modo da essere ben visibile agli insegnanti che entrano, dopodiché bighellona per le vie del centro, con alto rischio di incontrare parenti o amici dei genitori o insegnanti non in servizio.

Oggi è il mio turno: Stiavetti Alessandro, classe quarta C, media del cinque scarso, esce da una gelateria del centro e quasi mi viene a sbattere contro.

Come comportarsi con uno studente sorpreso ad annoiarsi in città, che quasi rimpiange di non essere andato a scuola perché lì ci si diverte di più?

Facile.

Per prima cosa l'insegnante si fa vedere, in modo che lo studente sappia di essere stato scoperto, gli si rovini la mattinata e passi tutto il resto del giorno combattuto se confessare o no la propria colpa ai genitori.

Poi non si fa nulla. Si lascia passare il tempo senza prendere alcun provvedimento, fino al punto in cui il giovane incauto pensa ormai di averla fatta franca. Nel momento in cui abbandonerà il comportamento da agnellino pentito per tornare all'abituale sciocca baldanza si può far partire la comunicazione alla famiglia.

28 ottobre 2008

Fabrozzi sta sfogliando distrattamente il diario, non sapendo come impiegare il tempo. C'è il compito in classe, ma lui ha già consegnato, non essendogli occorso molto sforzo per lasciarlo in bianco. Il suo diario è una Smemoranda.

Per quei pochi che non la conoscessero, la Smemoranda è un'agenda dove alle pagine di diario sono intervallati articoli di noti comici e scrittori, tutti *left oriented*. È una delle più diffuse, in ambito scolastico e non.

Fabrozzi dunque si mette a leggiucchiare, vinto dalla noia. Improvvisamente il suo sguardo si fa più concentrato, assume una posizione eretta, da stravaccato sul banco che era, e gli occhi gli divengono due fessure. A poco a poco la bocca gli si spalanca in una O di meraviglia. Non riesce a trattenersi e sbotta.

«Professore, ma... ma... la Smemoranda è comunista!»

«Vieni alla cattedra, Fabrozzi.»

Ancora con un'espressione stupita, Fabrozzi mi raggiunge.

«Da quanti anni compri la Smemoranda, Fabrozzi?»

«Quattro.»

«Perché la compri?»

«Perché è di moda.»

«Ti eri mai accorto che ci fossero delle parti scritte?»

«Sì, ma pensavo fosse tutta pubblicità.»

«A parte quelli scolastici, quanti libri avete in casa?»

Fabrozzi inizia a contare sulle dita, ma gli è sufficiente una sola mano.

«Tre, mi pare.»

Con la domanda successiva so di andare a botta sicura.

«Conosci la città di Predappio?»

«Certo, mio padre mi ci porta tutti gli anni per l'anniversario della nascita di Mussolini. C'è un negozio fighissimo dove vendono i busti del duce, le spille, il calendario... Abbiamo anche preso il profumo Nostalgia per mia mamma.»

«Torna pure a posto, Fabrozzi, ma fai attenzione: ho sentito dire che il comunismo è contagioso, fossi in te eviterei ulteriori contatti.»

Fabrozzi torna al banco, solleva la Smemoranda con due dita e, tenendola ben discosta, va a depositarla nel cestino.

Novembre

7 novembre 2008

Entrato in classe mi accorgo di aver scordato in auto alcune fotocopie che mi servono. Potrei fare una corsa a prenderle, lasciando soli i ragazzi per non più di cinque minuti, ma è escluso.

Se chiedete a chiunque operi nella scuola quale sia il sentimento dominante oggigiorno, riceverete probabilmente una grande varietà di risposte, ma solo una è davvero sincera, anche se pochi vorranno ammetterlo.

La paura.

La più grande preoccupazione di tutti è pararsi il culo. Lasciare incustodita una classe è l'azione più rischiosa che un insegnante possa compiere e fra le più spericolate in assoluto, da far impallidire chi fa bungee jumping o pratica il free climbing. Se in assenza dell'insegnante uno scalmanato giovane dovesse malauguratamente storcersi la caviglia perché, invece di rimanere al suo posto come gli era stato detto, ha voluto recarsi a parlare con una compagna di classe particolarmente carina (la quale peraltro lo considera alla stregua di un mucchio di letame), inciampando in uno degli zaini che tutti tengono disordinatamente per terra, ebbene, apriti cielo! La soluzione più comoda per il disgraziato insegnante è il suicidio, altrimenti si vedrà subissato di procedimenti penali e richieste di danni tali da rovinarlo per cinque generazioni.

Chi voglia praticare un'arte sempre più in disuso, e cioè la bocciatura, deve anch'egli munirsi di un grande coraggio. Bocciare è antieconomico, quindi la scuola che funziona non deve bocciare. E per funzionare non si intende insegnare bene ma far quadrare i conti. (Siamo di nuovo scivolati nel libro *Mali e malori della scuola italiana*). L'insegnante che ingenuamente attua il sillogismo «Questo studente non ha fatto un cazzo tutto l'anno, quindi va bocciato», si scontra subito con il preside (»non ha fatto niente perché non è stato adeguatamente motivato»), con i colleghi pietisti (»poverino, ha una situazione familiare terribile»), con i genitori, che già hanno minacciato ricorso se il caro figlioletto verrà bocciato, poiché era in difficoltà ma la scuola non ha attivato i corsi di recupero.

Dal che si evince che la colpa del fancazzismo dello studente è nell'ordine: del professore, della famiglia, della scuola. L'idea che possa trattarsi semplicemente di buona, sana, vecchia mancanza di voglia di studiare – che per generazioni è stata efficacemente curata con una buona, sana, vecchia bocciatura – non sfiora nessuno. Salvo l'ingenuo professore, che viene sistematicamente messo in minoranza e ammonito di adeguarsi ai tempi che corrono.

15 novembre 2008

Oggi pomeriggio consigli di classe. Si programmano le attività extra scolastiche e iniziano i progetti per le gite (si chiamano in realtà viaggi d'istruzione, ma con altrettanto realismo si dovrebbe togliere l'apostrofo dopo la d). Il preside, come ogni altro preside di ogni altro anno scolastico precedente, mi chiede se sono disposto ad accompagnare gli studenti.

Come sempre rispondo di no, perché per il professore carogna la gita semplicemente NON SI FA. Sarebbero sufficienti le grane derivanti dalla vigilanza a giustificare la mia decisione: l'insegnante è PENALMENTE sempre e comunque responsabile della ventina di scavezzacollo affidatigli. Mettiamo che Alderighi Roberto di seconda C, noto appassionato di pesca, durante una visita agli Uffizi decida che lo interessa maggiormente l'Arno che scorre lì accanto. L'insegnante è in possesso della normale dotazione di due occhi, quindi se Alderighi vuole sottrarsi alla sorveglianza può riuscirci senza troppe difficoltà. Data la sua sventatezza, l'ipotesi che si fiondi in Arno non è poi così remota. Il Signore, nella sua infinita misericordia, potrà magari anche salvare Alderighi dal meritato annegamento, ma niente e nessuno salverà l'insegnante da un'imputazione di omessa vigilanza.

No, grazie.

Per non parlare dell'immediata repulsione che suscita l'idea di dover trascorrere intere giornate gomito a gomito con la canaglia studentesca.

Mai.

16 novembre 2008

Benesperi Pamela piange sommessamente per tutta la durata del compito in classe, poi consegna in bianco e chiede di uscire.

È un tipo di scena che ho già visto mille volte e che conosco bene. Come so bene ciò che succederà subito dopo.

E infatti si presenta alla cattedra Gigliotti Giulia, nelle vesti di migliore amica e avvocato difensore.

«Professore, deve far rifare il compito a Pamela perché oggi era troppo sconvolta, non era in grado.»

«Fammi indovinare: l'ha lasciata il suo ragazzo.»

«Esatto. La prego, sia gentile, glielo faccia rifare la settimana prossima.»

Potrei risponderle subito, ma so che mi attende la parte più succosa.

«E qual è il motivo per cui lui l'ha lasciata?»

«Perché l'ha trovata che si baciava con un altro.»

«Come motivazione mi sembra plausibile.»

«Ma non è colpa sua. Il fatto è che era un suo ex e lei in quel momento si è sentita confusa, cioè, non voleva ferire i suoi sentimenti... Lo sa com'è fatta Pamela.»

«Lo so. Va bene, vedremo cosa fare, ora vai a posto.»

Naturalmente non mi sogno neppure di far rifare il compito a Benesperi, che si prenderà il suo bel due.

Dirò che se avevo promesso diversamente è perché mi sentivo confuso.

18 novembre 2008

Mi reco in segreteria perché mi occorre un documento. O meglio, vorrei recarmici: di fatto non è così semplice.

Dopo che già insegni da un congruo numero di anni, viene spontaneo guardarsi indietro e vedere cosa è cambiato dal momento in cui hai iniziato. In effetti c'è una cosa che anno dopo anno aumenta, che oggi è più di ieri e presumibilmente meno di domani.

La burocrazia.

Se mai farò il sindacalista, proporrò lo sciopero burocratico. Non nel senso di astenersi dall'espletamento delle formalità burocratiche, al contrario: nel senso di compilare puntigliosamente e con tutti i crismi ogni singolo foglio, modulo e registro richiesto e dovuto. Il tutto in orario di servizio, lasciando all'insegnamento il tempo che rimane.

Dieci minuti.

Al mese. Arrotondando per eccesso.

L'altro cambiamento colossale (in peggio, ma c'era bisogno di dirlo?) deriva da ciò che chiamano tutela della privacy. Una volta se mi serviva qualcosa in segreteria andavo per l'appunto in segreteria, seguendo una concatenazione logica fra il bisogno e il soddisfacimento dello stesso. Adesso no. L'ingresso in segreteria è vietato, in quanto luogo dove sono depositati dati sensibili, che potrei malignamente sbirciare e sediziosamente diffondere. È giusto. Immaginate il putiferio che si scatenerebbe se adocchiassi su un documento la data di nascita di una collega e poi propagassi la notizia a cani e porci! Per questo motivo invece di porre la richiesta direttamente alla segretaria, compilo un apposito modulo (per quanto riguarda la burocrazia vedi sopra) per comunicare con una persona che si trova in linea d'aria a tre metri di distanza; poi lo consegno alla bidella affinché lo inoltri, probabilmente dopo aver anche lei compilato un modulo di trasmissione documenti.

Ottenere in tempi brevi i documenti che occorrono, poi, è un miraggio. La razionalizzazione delle risorse (in italiano corrente «riduzione del personale» alias «licenziamenti») ha fatto sì che il personale di segreteria sia stato drasticamente ridotto e sia quindi oberato di lavoro.

La privacy funziona anche per le bocciature (un argomento, quest'ultimo, sul quale mi accorgo di tornare spesso e volentieri). Un tempo il bocciato veniva giustamente esposto al pubblico ludibrio, con un grande tabellone appeso all'ingresso della scuola sul quale erano riportati in bell'ordine i suoi due, tre e quattro. Una manovra altamente educativa, che insegnava a prendersi pubblicamente i propri meriti e demeriti. Adesso no. Tutto top secret. Il somaro al cubo potrà andare in giro vantandosi di aver avuto solo nove e dieci in pagella, senza tema di essere smentito. La cosa mi ricorda vagamente la polemica sulle intercettazioni telefoniche: la privacy tutela solo chi ha qualcosa da nascondere.

E da nascondere, nella scuola, sembra ci sia tanto. POF, PIA, IRRE, USP, UDA, ATA, ITP, ITC, IRC e chissà quanti altri ancora. La scuola è il regno degli acronimi.

Perché? Perché non usare un nome comune e facilmente comprensibile e nascondere realtà quotidiane e conosciute dietro sigle incomprensibili?

Semplice: proprio per renderle di accesso più difficile, facendo sì che un servizio pubblico diventi il meno pubblico possibile e rimanga sotto il controllo incontrollabile degli addetti ai lavori.

24 novembre 2008

Siamo già al primo ricevimento generale dei genitori.

La scuola non è un luogo dove si dica la verità, ma il momento in cui in assoluto la si dice di meno sono sicuramente i colloqui con i genitori. Dire loro senza giri di parole ciò che pensiamo dei figli equivarrebbe a provocare deliberatamente lo scontro fisico, per questo l'ora di ricevimento è giustamente chiamata il «festival dell'eufemismo». Come insegnante di lingue sono forse più adatto di altri a tradurre in linguaggio comune le espressioni ricorrenti in questi allegri conversari. Ecco quindi la corrispondenza fra ciò che viene detto e l'effettivo significato.

Ultimamente lo vedo un po' stanco.
Si ammazza di seghe.

Ha la testa fra le nuvole.
Si spara una canna dietro l'altra.

Nella mia materia incontra qualche difficoltà.
Non sa neppure cosa insegno.

Sull'ultimo argomento studiato è rimasto indietro.
Non ha aperto libro dall'inizio dell'anno.

Corre qualche rischio per la promozione.
Sicuramente lo sego.

Denota una certa vivacità.
Rompe costantemente i coglioni.

È un ragazzo molto sensibile.
Come avete fatto ancora a non accorgervi che è omosessuale?

Sulla disciplina niente da dire.
Dorme sul banco dal primo all'ultimo minuto.

Ha bisogno di maturare.
Possiede il cervello di un bimbo di tre anni.

È una ragazza molto aperta.
L'ha data a tutta la classe.

È intelligente, ma non si applica.
È completamente cretino, anche se lui è convinto del contrario.

Si lascia distrarre dai compagni di classe.
Sono un'associazione per delinquere.

Ha bisogno di maggior severità anche a casa.
Quaranta giorni a pane e acqua dovrebbero bastare.

Viene spesso a scuola senza i libri.
Ha lo zaino pieno di riviste porno.

Il suo rendimento ha alti e bassi.
Elettroencefalogramma piatto.

Fatica a trovare la concentrazione.
Cerca sempre di uscire per andare a fumare in bagno.

Avrebbe bisogno di lezioni private.
Avrebbe bisogno di una scarica di bastonate.

Ha un carattere molto esuberante.
È uno stronzo totale.

C'è qualche segno di miglioramento.
Quando sbadiglia si mette almeno la mano davanti alla bocca.

Manca di metodo di studio.
Manca di cellule cerebrali.

L'insegnante esce dal colloquio con i genitori esausto come dopo una corsa in salita. Pericolosissimi sono i ricevimenti generali, come quello che mi attende oggi pomeriggio, dalle 15 alle 19. Si tratta di un'autentica maratona di quattro ore di ininterrotta loquacità e si rischia, verso la fine, quando ormai gli zuccheri sono in calo abissale e la salivazione è azzerata, di confondersi e di usare le espressioni originali invece di quelle «tradotte». Per fortuna anche i genitori sono stremati da ore di coda, non hanno i riflessi pronti e ci si può salvare in calcio d'angolo.
«Anche la ghigliottina si spezzerebbe su quella testa dura...»
«Come dice, scusi?»
«Dicevo che è molto determinato, quando vuole una cosa neppure con la minaccia della ghigliottina si riesce a distoglierlo. Una qualità positiva...»

25 novembre 2008

Non è finita. Il martedì è il giorno in cui ho il ricevimento settimanale dei genitori. In genere ci sono al massimo due o tre mamme, ma oggi c'è la folla di tutti coloro che speravano di evitare la coda venendo il giorno dopo il ricevimento generale.

«Buongiorno. Lei è la mamma di?»

«Burlandi, prima C.»

Apro il registro.

«Per quello che posso vedere io, dall'inizio dell'anno non ha ancora aperto il libro. Quattro alla prima interrogazione e quattro al primo compito.»

«Ma come è possibile? Se passa tutti i pomeriggi chiuso in camera sua a studiare!»

«Chiuso in camera? Per caso in camera ha la televisione o il computer?»

«Si capisce. Internet, Play Station... non gli manca niente se Dio vuole!»

«Lei va mai a controllare se studia o invece gioca?»

«Ho provato una volta ma lui si è arrabbiato moltissimo, perché ha detto che non avevo fiducia in lui.»

Non batto ciglio, perché di perle simili nel corso degli anni ne ho ascoltate un'infinità. Le prime che mi vengono in mente:

«Non capisco proprio perché mio figlio non sia bravo e non si impegni. Eppure ha tutto. Basta che chieda e gli compriamo ciò che vuole.»

«Lo so che i compiti a casa non li fa, mi dice che non ha tempo. Però è così bravo, pensi che la mattina quando lo sveglio per andare a scuola non protesta mai.»

«Capisce professore, alla scuola mio figlio può dedicare solo i ritagli di tempo dagli allenamenti. D'altra parte il calcio è un impegno importante, da prendere seriamente.»

«Mi dice mia figlia che si trovava molto meglio con l'insegnante di inglese dello scorso anno. Ah, c'era lei anche l'anno scorso? Allora sarà stato quello di due anni fa.»

«Mi dice mio figlio che lei è davvero in gamba. Finalmente ha trovato qualcuno che riesce a fargli capire la matematica.»

«Tutti quattro? Ma se mia figlia mi ha detto che aveva tutti otto! È sicuro di non sbagliarsi lei?»

«A mia figlia piace tanto l'inglese! Pensi che mi ha detto che da grande vuol fare la traduzionista.»

«Se c'è bisogno, con mio figlio usi pure le mani, la autorizzo io. Tanto è uguale a sua madre, tutti e due capiscono solo le maniere forti.»

«Sono due mesi che va a ripetizione e continua a prendere quattro. Qui c'è qualcuno che non sa fare il suo lavoro: o lei o l'insegnante che gli fa lezione privata.»

Concludo con una riferitami da un collega insegnante di elettronica: «Mio figlio si è molto appassionato alla sua materia; pensi che adesso a casa è lui a cambiare le lampadine!».

29 novembre 2008

Scadenza per la presentazione della programmazione annuale. Come sempre mi riduco all'ultimo giorno, consegnando la mia mezza risma di carta (fra poco) straccia che andrà a ingrossare qualche faldone.

Diecimila, più o meno.

È il numero delle pagine di programmi, relazioni, documenti e scartoffie varie che ho scritto in vent'anni di carriera scolastica.

Tutto bene, anzi ci sarebbe da complimentarsi per il notevole sforzo intellettuale che, al pari dei miei colleghi, ho saputo compiere con tanta abnegazione e senso del dovere. Se non fosse che neppure una persona ha mai letto una sola riga di quanto ho scritto; neppure io, poiché, ben conoscendo il loro destino, non mi sono certo dato la pena di rileggerle. Lo stesso vale per le altre centinaia di migliaia, anzi milioni, di pagine scritte dai miei colleghi. La maggior quantità di produzione scritta che sia mai stata completamente ignorata.

Ricordo un episodio letto sul giornale anni fa: un gruppo di insegnanti si erano autodenunciati dopo aver scritto per anni nei programmi svolti chi delle ricette, chi dei capitoli dei *Promessi sposi*, chi dei proverbi, senza che mai nessuno si fosse accorto di nulla.

Perché allora non fai lo stesso, mi si potrebbe chiedere, perché perdi tempo a redigere documenti inutili che nessuno leggerà mai? Innanzi tutto perché ormai, come credo la maggior parte degli insegnanti, sono un mago del copia e incolla. Da precario ho girato molte scuole, presentando sempre gli stessi programmi con un semplice cambio di intestazione; a un certo punto sono passato dall'insegnamento del tedesco a quello dell'inglese, limitandomi anche in quel caso a cambiare il nome della lingua in cima alle pagine.

Ah sì, e la data in fondo.

E poi, ma anche qui credo di non differire da molti colleghi, ho acquisito una straordinaria abilità a scrivere in didattichese qualunque cosa, a seconda del bisogno: senza nessuno sforzo butto giù una pagina dietro l'altra di qualsiasi documento scolastico, perfetta in ogni dettaglio, come mi conferma il fatto che se le rileggo non ci capisco assolutamente nulla.

Un esempio.

«Il contratto formativo è la dichiarazione esplicita e partecipata dell'operato della scuola. Esso si stabilisce, in particolare, tra il docente e il discente e coinvolge l'intero consiglio di classe, gli organi dell'Istituto, la parte genitoriale, gli enti esterni preposti od interessati al servizio scolastico. Sulla base di tale contratto, elaborato in coerenza degli obiettivi formativi definiti ai diversi livelli istituzionali, il discente deve conoscere gli obiettivi didattici ed educativi del suo curricolo, il percorso per raggiungerli, le fasi di attuazione. Il docente deve esprimere la propria offerta formativa, motivare il proprio intervento didattico, esplicitare le strategie, gli strumenti di verifica, i criteri di valutazione e le eventuali attività di rimozione delle resistenze.»

Scritto di getto in due minuti. E poi dicono che gli insegnanti non sanno fare un cazzo.

Dicembre

3 dicembre 2008

Scambio due chiacchiere in corridoio con Malloni Alberto, quinta C, noto secchione.

Il secchione è l'unico studente che mi piace. Segue la lezione, fa i compiti per casa, pone domande pertinenti, insomma è l'eccezione ma rappresenta quella che dovrebbe essere la normalità. È anche l'unico studente che sono disposto ad aiutare. Se serve mi accordo con lui nel corridoio e poi in classe gli do un brutto voto.

Il secchione infatti è odiatissimo dai compagni ed è quindi esposto a minacce, scherzi e vendette trasversali da parte dei capoclan della mafia di classe. Per tacitarli allora ogni tanto fingo di affibbiargli un'insufficienza clamorosa, che poi ovviamente non trascrivo sul registro.

«Ma lei, professore, da studente com'era?» mi chiede Malloni, sottintendendo ovviamente se fossi già carogna o no.

«Non c'è risposta. Non perché non te la voglia dare, ma perché non sono io a dover rispondere. Dopo tutto non sono poi tanto vecchio, i miei insegnanti di un tempo sono magari in pensione ma ancora vivi e vegeti. Chiedi a loro.»

10 dicembre 2008

Prima o poi bisognava arrivarci. Capita sempre un momento nell'anno nel quale si ha necessità di un permesso. E i permessi sono concessi dai presidi.

I presidi.

Sembra un argomento spinoso ma non lo è. In realtà è quello sul quale non esistono controversie e tutti sono d'accordo: mai sentito parlare bene dei presidi. Anche coloro che ne hanno una buona opinione o si uniscono alle invettive generali per mascherare la propria posizione o, nel migliore dei casi, tacciono.

I presidi, dal canto loro, parlano sempre male degli insegnanti. Se hanno una buona opinione di qualcuno, su di lui tacciono.

A ben rifletterci è strano e ho sempre pensato che ci sia qualcosa sotto. Dopo tutto i presidi sono ex insegnanti; anzi, a volte lo sono ancora. I presidi incaricati, infatti, sono insegnanti che vengono chiamati a fare da supplenti su posti vacanti di presidenza. Bene, ho visto con i miei occhi questi insegnanti che da un giorno all'altro, dopo la nomina a preside, subivano una metamorfosi kafkiana: iniziavano a dare del lei a colleghi che conoscevano da una vita, si irrigidivano su posizioni ultra-conservatrici anche se le loro simpatie sembravano fino a poco prima indirizzate su Lotta Continua, davano chiaramente a vedere di sentirsi investiti di una missione di poco inferiore per importanza al governo della nazione durante una crisi nucleare.

L'anno dopo, terminato l'incarico di presidenza e tornati insegnanti, ti fermavano nel corridoio per inveire contro il preside che non gli aveva concesso un permesso di due ore per una visita medica, quando lui a te, l'anno precedente, ne aveva negati ben tre per lo stesso motivo.

Gli danno qualcosa?

Comunque anche per i presidi, ormai, l'unica cosa che conta è far quadrare il bilancio. La vecchia minaccia «Ti mando dal preside» è di questi tempi ben poco efficace. Se il pargolo spedito in presidenza per ricevere una punizione esemplare capita, per esempio, in un periodo di calo delle iscrizioni, si vedrà accogliere con un: «Senti caro, mi risulta che hai un fratello in terza media. L'anno prossimo ha intenzione di iscriversi qui insieme a te, non è vero? Perché tu qui ti trovi bene, giusto?».

Tornando al mio permesso. Incrocio le dita, metto su una faccia sofferente, busso ed entro in presidenza.

«Preside, ho una visita medica giovedì prossimo, mi serve un permesso...»

11 dicembre 2008

Dopo tre mesi dall'inizio della scuola si sono ormai formate le coppie degli innamorati.

Gli innamorati sono per lo più innocui, anche se sgradevoli a vedersi. Ovviamente non studiano – ma tanto non lo facevano neppure prima – però in classe stanno più tranquilli, perché intenti a scambiarsi messaggi con lo sguardo.

In genere metto loro direttamente un brutto voto all'interrogazione, senza neppure chiamarli. Se poi a fine quadrimestre protestano, basta rispondere: «Certo che ti ho chiamato all'interrogazione, ma eri talmente innamorato che non mi stavi neppure a sentire». Poiché è la verità, incassano in silenzio.

A volte, trasportati dalla nuvola rosa che li avvolge, si sentono più buoni perfino nei confronti di quella carogna del professore. Specialmente le femmine si scoprono portate alla confidenza.

«Lo sa professore che sto insieme a Carini?»

«Giffoni, ti prego di informarmi solo delle novità. La scoperta dell'America è una notizia più recente.»

«Che ne pensa?»

«Quanti anni hai?»

«Diciassette.»

«Nel cento per cento dei casi, il ragazzo che si ha a diciassette anni non è quello che si avrà a venti. Se va bene durerete sei mesi.»

Poche volte raccolgo una seconda confidenza dalla stessa persona.

21 dicembre 2008

Dispenso auguri di buone feste soprattutto alle bidelle.

I bidelli sono elementi cardine e se si vuol vivere bene in una scuola conviene ingraziarseli. La bidella anziana è la depositaria di tutti i segreti e di tutte le chiavi. Possiede poteri al limite della magia e se avete fatto qualcosa che ve l'ha resa nemica la macchina del caffè si accanirà contro di voi, servendovi nell'ordine: caffè senza zucchero, zucchero senza caffè, bicchierino vuoto, caffè con zucchero ma senza paletta, tè al limone anche se avete scelto, per disperazione, un cappuccino. Al costo di cinquanta centesimi a botta, che nessuno vi restituirà, perché ovviamente è la bidella anziana a trattare con il gestore della macchinetta.

Il potere taumaturgico della bidella si esercita anche sullo strumento di cui l'insegnante ha bisogno come dell'aria che respira: la fotocopiatrice.

L'insegnante medio consuma una risma di carta a settimana, in momenti di particolare splendore anche di più. Se deve fare una fotocopia per venti studenti utilizza almeno quaranta fogli, nel tentativo di trovare il giusto tono di scuro, la corretta posizione e l'esatto ingrandimento. Il diboscamento dell'Amazzonia pesa in gran parte sulle nostre spalle e le cose andrebbero in modo ancora peggiore se non intervenisse un poderoso fattore limitante: il guasto.

Le possibilità di avvicinarsi alla fotocopiatrice e trovarla: a) funzionante, b) provvista di toner, c) provvista di carta, d) libera da altri colleghi, sono inferiori a quelle per il sei al Superenalotto. In compenso l'insegnante che ha bisogno delle fotocopie per il compito in classe alle 11 si reca alla fotocopiatrice alle 10.58, e trovandola manchevole di una delle suddette condizioni ha una sola possibilità: appellarsi all'intervento della bidella. Costei, se vuole, è in grado di renderla funzionante, oppure (concessione non inferiore a quella del beneficio cardinalizio) di fare le vostre fotocopie presso una delle inaccessibili macchine della segreteria o della presidenza.

Che non si guastano mai.

21 dicembre 2008 (bis)

Con l'ultimo giorno prima delle vacanze arriva anche il momento dell'assegnazione dei compiti per casa.

I compiti per casa devono essere abbondanti. Il perché è semplice: non costano nulla. Sono anzi fonte di risparmio per il giovane debosciato, costretto in tal modo a trascorrere dei sani pomeriggi sui libri invece che in giro sul motorino.

Per la loro assegnazione vale la regola dell'inversamente proporzionale: più gli studenti si lamentano che sono troppi, più vanno aumentati; se invece subiscono senza proteste si può essere clementi. Almeno finché non imparano il trucco: dopo alcune volte nelle quali annotano tranquillamente sul diario gli esercizi e le pagine da studiare senza un gemito di sofferenza o addirittura con finta gioia, allora è giunto il momento di stangarli di nuovo.

Come comportarsi con chi non fa i compiti per casa?

Quesito di non facile soluzione visto che, purtroppo, non è più consentito ricorrere alle punizioni corporali. Non potendo essere severo con il colpevole, mi mostro magnanimo: la prima volta mi limito ad assegnargli nuovamente gli stessi compiti per la lezione successiva (più ovviamente un piccolo bonus aggiuntivo), alla seconda mancanza subisce un supplizio peggiore della gogna: la pubblica lettura del diario.

Ma adesso vado in vacanza anch'io. Se ne parlerà al ritorno, quando qualcuno, anzi sicuramente molti, non avranno fatto i compiti per casa.

Gennaio

7 gennaio 2009

Al ritorno dalle vacanze, le prime facce che vedi sono quelle dei colleghi in sala insegnanti. Ma in realtà si tratta per la maggior parte di colleghe; la scuola è un mondo per tre quarti femminile.

Da ciò derivano alcuni svantaggi.

Il primo e il maggiore è economico. Il motivo principale della bassa retribuzione degli insegnanti deriva proprio dal fatto che, storicamente, si tratta di una professione femminile. Anche in tempi più recenti, quando ormai bene o male le donne avevano conquistato la parità retributiva, la condizione dell'insegnante (donna) era sempre vista come non propriamente lavorativa, perché la figura tipica era la moglie del professionista, che insegnava per avere un'occupazione, tanto a casa c'era la donna di servizio a sbrigare le faccende, figuriamoci se le importava dello stipendio. Nominarle poi la parola sindacato la faceva inorridire.

Risultato: leggo le statistiche comparative, vedo quanto guadagna un insegnante di Cipro (cinque volte più di me) e mi metto a piangere.

Il secondo svantaggio è la dilatazione dei tempi. Quando si svolge un consiglio di classe, se per discutere quanto previsto all'ordine del giorno impieghiamo un quarto d'ora o cinque ore non fa alcuna differenza dal punto di vista dello stipendio: non è che più lavoriamo più ci pagano. La logica elementare vorrebbe che sbrigassimo quanto c'è da fare nel più breve tempo possibile.

Provate a spiegarlo alle mie colleghe. Provate a togliere loro questa splendida palestra della chiacchiera, dove poter spettegol... dirimere spinose questioni didattiche. Io ci ho provato, ingenuo come sempre, con il risultato di perdere ancora più tempo con la polemica che veniva aperta nei miei confronti. Ormai mi sono attrezzato e, non appena la discussione comincia a vertere su argomenti del caz... troppo tecnici, tiro fuori il mio bel libro e le lascio fare.

Quando qualcuno mi chiede dove trovo il tempo per leggere tanti libri, rispondo sinceramente: «Ai consigli di classe», ma non mi crede quasi nessuno.

8 gennaio 2009

Puntualmente, i colpevoli di mancata esecuzione dei compiti per le vacanze abbondano.

Ricorro quindi al supplizio del diario.

Il diario scolastico degli studenti ha molteplici usi, dei quali adesso vedremo i principali. Non comparirà nell'elenco l'utilizzo come agenda per scrivere i compiti per casa, poiché si tratta di un'usanza ormai scomparsa e di cui le giovani generazioni non conservano memoria.

In primo luogo il diario è un contenitore, dove vengono incollati e appiccicati foglietti di ogni genere e dimensione, biglietti del cinema e dei concerti, disegni e disegnini, cartoncini ritagliati, carte di caramelle e cioccolate e, dulcis in fundo, involucri di preservativi. Lo spessore originale di tre-quattro centimetri si dilata fino a raggiungere i trenta, conferendo al diario l'aspetto di una fisarmonica.

Sul diario gli studenti scrivono in maniera sconsiderata tutto ciò che li riguarda, di amore, amicizia e scuola, come se quelle pagine non dovessero mai cadere in mani estranee. Forse li illude il sentir parlare continuamente della privacy, ma più probabilmente è la naturale insipienza di cui madre natura li ha così riccamente dotati. Fatto sta che il diario diventa un'arma di cui l'insegnante carogna può servirsi, se vuole.

Io voglio.

Classe terza C. Sempioni Daniele, recidivo, non ha fatto nemmeno mezzo degli esercizi che pure, in pieno spirito natalizio, avevo assegnato con parsimonia. Chiamo alla cattedra il reo.

«Sempioni, portami il diario che ci scriviamo sopra una bella nota.»

L'allocco, ancora ignaro del suo destino, mi porge la sua fisarmonica, già aperta alla pagina delle comunicazioni scuola-famiglia. Lo depone sulla cattedra ma continua a tenerlo aperto con una mano.

«Torna pure a posto. Adesso scrivo, poi te lo restituisco a fine lezione, in tempo per poter segnare i compiti per la prossima volta.»

«Ma...»

«Vai, vai.»

Sempioni torna a posto con meno baldanza di quando era arrivato, forse presagendo cosa sta per accadere.

«A proposito, controlliamo se i compiti erano stati annotati. Forse non li hai fatti per quel motivo, non è stata mancanza di voglia ma una semplice dimenticanza. Vediamo un po'...»

Sfoglio il diario, apparentemente alla ricerca della data odierna, e fingo di leggere casualmente.

«31 ottobre. "Oggi forca con Francesco, Sabri e Andrea." Ma guarda! Mi dispiace proprio, ma adesso ho l'obbligo di controllare sul registro di classe. Suppongo che i nomi si riferiscano a Giusfredi, Alemanni e Sartoni. E infatti ecco qua: il 31 ottobre eravate assenti tutti e quattro. Mi prendo un appunto per informare le famiglie.»

Non alzo lo sguardo, ma posso immaginare le minacce mute che gli altri tre stanno indirizzando a Mariani. Giusfredi, poi, è un colosso con la fama di essere manesco, per cui non giurerei sull'incolumità di Sempioni una volta uscito da scuola.

«Andiamo avanti. "Sono innamorato perso di Manu ma quella stronza non mi caga."»

Risate della classe. Sempioni ha un sussulto e prova a pigolare qualcosa sulla privacy. Se non sbaglio ho già avuto modo di scrivere che le proteste degli studenti vanno considerate alla stregua di borbottii per schiarirsi la voce.

«Spero che con Manu tu non voglia riferirti a Manuela Volturni di quarta C... In tal caso sarebbe ben difficile strapparla da quel ragazzotto di cui ignoro il nome ma al quale la trovo sempre avvinghiata nei corridoi della scuola.» Ovviamente so benissimo, dai pettegolez... dai discorsi tecnici delle colleghe, che si tratta della Volturni.

«Ma sugli affari di cuore non voglio soffermarmi. Proseguiamo. 15 novembre. "Quella stronza di mate mi stava addosso ma gliel'ho messo nel culo perché Savino è riuscito lo stesso a passarmi il compito. Evvai!" Vai male, caro Sempioni, vai proprio male. Mio malgrado si tratta di apprezzamenti e avvenimenti che non posso mancare di riferire alla diretta interessata. Mio malgrado, ripeto, perché non fa certo parte dei miei compiti un'azione da delatore e...» continuo a parlare mentre fingo di prendere appunti, solo per poter sbirciare con la coda dell'occhio Savino, che fa nei confronti di Sempioni l'inequivocabile gesto del «Ti faccio un culo così». Oggi l'uscita da scuola per Sempioni si prospetta sempre più come un'avventura da Indiana Jones.

Decido che può bastare. Il tasso di compiti non fatti calerà sensibilmente.

15 gennaio 2009

La collega di inglese del corso B ha preso un lungo congedo per malattia perché deve operarsi ed è arrivata la supplente. È giovane, una caratteristica ormai in via di estinzione. Normalmente passo per giovane io, che pure ho passato da un pezzo i quaranta. È anche carina, pure troppo. E piena di entusiasmo, sicuramente troppo.

Mi avvicina per presentarsi e, credevo, per chiedere qualche consiglio. Al contrario: vuole espormi la sua visione dell'insegnamento.

«... Perché vedi, è vero che siamo in un tecnico, ma la letteratura è TROPPO importante. Per questo ho deciso di inserirne un modulo per classe; avrei pensato di far leggere ai ragazzi un libro in traduzione e poi analizzarne dei capitoli scelti in inglese. Per la quinta ho scelto *Sotto il vulcano* di Malcolm Lowry. Tu che ne dici? Per la quarta invece...»

Poiché mi pone delle domande, ma non aspetta la risposta, alzo educatamente la mano per chiedere la parola.

«Sì?»

«Quindici.»

C'è un attimo di pausa, nel quale lei attende che aggiunga qualcos'altro, poi chiede: «Quindici cosa, scusa?».

Suona la campanella e la lascio lì, interdetta, probabilmente convinta di aver parlato con uno non del tutto a posto di cervello.

P.S. Aggiungo questo appunto dopo quindici giorni, che era appunto il mio pronostico sulla durata in classe della supplente di cui sopra e dei suoi progetti di alfabetizzazione letteraria. Ho saputo che questa mattina, dopo l'ennesimo coro di «Faccela vede'» al suo ingresso in quinta B (quella di Malcolm Lowry), ha rassegnato le dimissioni.

20 gennaio 2009

Suona la campanella mentre sono alla lavagna a spiegare. Immediatamente depongo il gesso, senza neppure finire la frase, e lascio che gli studenti facciano ricreazione.

La ricreazione è come il carnevale nel medioevo, quando ai servi della gleba era consentito sbeffeggiare i signori come sfogo per un anno di dura sottomissione.

L'insegnante carogna non priva mai gli studenti neppure di un secondo di ricreazione, anche se ne avrebbe i motivi e gli strumenti.

Addirittura, in quei dieci minuti riesce ad avere un atteggiamento cordiale e scherzoso, scambiando due chiacchiere amichevoli con i propri studenti, intenti a nutrire di nuova linfa le loro mitragliate di brufoli con montagne di merendine assassine della salute.

Rifocillati e appesantiti dai grassi saturi, torneranno sui banchi meno disposti alla rivolta e più sottomessi.

La scuola è una grande scuola di vita.

27 gennaio 2009

Una volta parlare della famiglia a scuola era il massimo della banalità.

Chi non ha fatto, dalle elementari in poi, il tema sulla famiglia?

Adesso si tratta di un terreno minato.

Colleghi e colleghe di italiano mi confidano che il tema sulla famiglia (alle superiori si chiama «problemi nei rapporti generazionali») diventa sempre più angosciante. Accade di scoprire calderoni nei quali ribolle di tutto: dall'agghiacciante al deprimente. Offro il caffè alla collega di italiano della quarta C e insieme ricapitoliamo i casi presenti in classe.

Aggiani Lorenzo. La madre ha conosciuto su internet un attore di soap opera polacco ed è fuggita di casa per andare a raggiungerlo.

Bernardi Patrizia. Figlia di genitori entrambi tossici, è affidata ai nonni paterni. Vede il padre quando è agli arresti domiciliari, della madre non ha notizie da anni.

Girolami Martino. Il padre ha abbandonato la famiglia in coincidenza con la sua nascita. Lui non lo ha mai visto. Adesso, pentito ma soprattutto malato di tumore e pieno di debiti, vorrebbe riavvicinarsi.

Lamori Marika. Il padre si è risposato con la madre di Senzani Barbara, della stessa classe. Le due si insultano e si picchiano quasi quotidianamente.

Rumolo Corrado. Ha sette fratelli. Per parte di padre, che li ha avuti da quattro donne diverse (applicandosi però con regolarità: due figli con ciascuna). Di professione fa il conducente di autobus, per cui mi immagino che le ex consorti non debbano porsi il problema di come spendere l'assegno degli alimenti. Tempo fa mi è capitato di sedere dietro di lui durante un tragitto e, ignorando il cartello che vieta di parlare al conducente, gli ho detto che ero un insegnante del figlio Corrado e che lo avevo riconosciuto da una foto che mi aveva mostrato.

«Ah, davvero? Piacere di conoscerla. E senta, a proposito... Che scuola fa mio figlio?»

Senzani Barbara. Vedi sopra.

Tumminello Severo. Figlio di spacciatore. Tiene spesso pesanti arringhe contro carabinieri e polizia che, a suo dire, nascondono bustine di polverina nell'auto del padre, apposta per poterlo incastrare.

Seguono alcuni casi minori, talmente banali che non desterebbero l'attenzione del più scalcinato giornalista (?) a caccia di storie strappalacrime per il pomeriggio televisivo. Un padre alcolizzato che picchia, una madre battona che batte, un padre condannato per tangenti (prontamente ricandidato dal Popolo della libertà alle prossime amministrative).

(Apro un'altra parentesi: questo partito cambia frequentemente la prima parte del nome – polo, partito, casa, popolo – ma non la seconda, che pure ne avrebbe maggiormente bisogno.)

Facendo una rapida considerazione statistica, si tratta di dieci casi da assistente sociale su una classe di ventisei. Tenendo presente che parliamo di una tranquilla scuola di provincia, lontana dal cosiddetto degrado urbano, il tasso è niente male.

Ma non solo gli insegnanti di italiano si trovano presi in contropiede di fronte al problema della famiglia. Anche io come insegnante di lingue vado incontro a qualche domanda imbarazzante.

Si studiano i termini per indicare i familiari.

Seconda C, Ardenghi Sofia.

«Professore, quelle che abitano con me ma sono figlie della compagna di mio padre come devo chiamarle in inglese?»

«Non c'è un nome preciso...»

«Mia madre, quella vera, non quella che abita ora con me e mio padre, dice che sono figlie di zoccola. Come si dice in inglese?»

Prima C, Cannicchioli Giacomo.

«Come dico in inglese la fidanzata del nonno?»

«La fidanzata di chi?»

«Insomma, quella che sta con mio nonno.»

«*Grandmother.*»

«No, non la nonna, lei se n'è andata. Dico quella ragazza russa giovane che ora sta insieme a mio nonno.»

«Senti, adesso non c'è tempo, devo dare i compiti prima che suoni la campanella.»

Febbraio

3 febbraio 2009

Questo diario è nato per parlare degli studenti, ma qualcosa bisognerà pur dire anche dei colleghi. Ne farei volentieri a meno, ma è come andare a Parigi (non in gita scolastica) e non voler vedere la torre Eiffel: come si alzano gli occhi al cielo è là, che lo si voglia o no. Lo stesso con i colleghi: dovunque ti giri, ce n'è uno.

Già il primo giorno della prima supplenza capii che fondamentalmente i tuoi colleghi si dividono in due categorie: chi è in sintonia con te e chi no. Novizio intimidito, seduto un po' in disparte al tavolone della sala professori, ascoltavo e ogni tanto sbirciavo due colleghe intente a rivestire di carta fiorata i propri registri, cinguettando nel frattempo sulla bellezza di questo rito che ogni anno segnava l'inizio delle lezioni.

Incrociai lo sguardo di un collega accanto a me, e già da quello capii cosa mi avrebbe sussurrato poco dopo: «Se potessi mi ci pulirei il culo col registro, figuriamoci se spendo una lira per rivestirlo».

Per la cronaca: i registri degli insegnanti vengono conservati in archivio per cinque anni, poi vanno al macero, carta fiorata compresa.

Se invece li consideriamo (o ci consideriamo, dimentico sempre che ci sono nel mezzo anch'io) da un punto di vista esterno, abbiamo anche qui due grosse ripartizioni: gli insegnanti convinti e i disillusi.

L'insegnante convinto, altrimenti detto missionario, non si pone interrogativi, non discute e non contesta; oppure contesta e discute ma comunque obbedisce. Redige scrupolosamente i programmi, annotando le discrepanze fra quanto aveva previsto e ciò che effettivamente ha svolto, perché è sicuro che ci sia qualcuno che li legge (anzi, dentro di sé si compiace della bella figura che farà di fronte ai colleghi sciattoni); si lamenta ad alta voce che una data classe sia assente per gita perché proprio per quella settimana aveva previsto una verifica (le chiama scrupolosamente così) e adesso non sa quando recuperarla; si meraviglia sinceramente che tu non desideri che ti sia restituita l'ora che gli hai prestato per svolgere un compito (scusate, una verifica scritta). Si sente profondamente subalterno nei confronti del preside, emanazione di una trinità (ministero-provveditorato-presidenza) dalla quale provengono dogmi e articoli di fede e, quando gli accade di ascoltarmi mentre affermo tranquillamente che il ministro è un incompetente, il provveditorato una manica di deficienti e il preside un cazzone, ci manca poco che si faccia il segno della croce.

Il disilluso si ricorda la scuola com'era un tempo, osserva la scuola di oggi ed è colto da un moto di ribrezzo. Recita la parte che gli è stata assegnata perché nell'insegnamento ci crede ancora, ma non si dimentica mai, neppure per un secondo, che tutta la struttura che lo circonda è un gigantesco baraccone, e che a dirigere il gioco ci sono personaggi grotteschi. Stanco di lottare contro i mulini a vento, vive alla giornata, contento se qualche sprovveduto ha deciso di rischiare la pelle portando in gita una classe degna del riformatorio, lasciandogli così un'ora libera per leggere il giornale.

Inutile che scriva a quale delle due categorie io appartenga.

Se poi li (anzi *ci*) consideriamo a seconda della materia che insegniamo, allora ci distinguiamo per le nostre paure.

Gli insegnanti di lingue, come me, hanno un unico costante terrore, vale a dire che possa loro capitare in classe un ragazzo di madre lingua, capace di metterli in imbarazzo con la sua migliore conoscenza della lingua straniera. Peggio ancora una ragazza, poiché le femmine sono più saputelle e ci tengono a mettersi in evidenza. All'inizio dell'anno, cercando di non dare nell'occhio, gli insegnanti di lingue spiano la composizione delle classi alla ricerca di qualche cognome straniero e imprecano sottovoce se ne scovano uno, preparandosi a un anno di sofferenza. Succedeva anche a me, poi per fortuna ho trovato un rimedio efficace: è sufficiente affibbiare subito un bel due alla tronfia ragazzina, convinta di insegnare all'insegnante; impresa di facilissima esecuzione, poiché gli inglesi, com'è noto, niente sanno della grammatica della propria lingua. Più lei si sforza di dimostrare che parla l'inglese in modo più sciolto di voi, più fioccano i brutti voti; per quanto cocciuta sia, e gli inglesi lo sono, dopo un po' piega la testa.

Gli insegnanti di lettere temono come la peste le domande sulle regole di grammatica che inevitabilmente vengono loro poste. Classica scena da sala professori. L'insegnante di scienze X sta scrivendo qualcosa, si sofferma un attimo perplessa, alza lo sguardo, vede nei pressi l'insegnante di lettere Y e le chiede a bruciapelo: «Camicia al plurale si scrive *camicie* con la i o *camice* senza la i?». Come il resto della popolazione, anche l'insegnante di lettere ha studiato grammatica per l'ultima volta alle scuole elementari. Dirige su X uno sguardo inceneritore e risponde «*Camicie* con la i», andando a naso e sperando di essersela cavata. «Ah già. Mi spieghi qual è la regola, che non me la ricordo?» Y dentro di sé augura caldamente alla collega che proprio in quel momento le cada il tetto sulla testa, accoppandola all'istante e liberando così anche un posto per sua nipote, che insegna scienze e da anni attende il passaggio di ruolo. Viene salvata dal suono della campanella, come un pugile alle corde graziato dal gong. «Scusa, devo scappare in classe» dice affrettandosi fuori e ripromettendosi per l'ennesima volta di ripassare i trabocchetti della grammatica.

Gli insegnanti di diritto temono le multe. Non le proprie, quelle dei colleghi. Che immancabilmente si presentano da loro, verbale alla mano, e chiedono candidamente: «Mi spieghi come fare ricorso?». In alternativa chiedono consulenza legale su liti condominiali, acquisti di terreni, separazioni, custodia dei figli e tutto il possibile campionario del diritto civile. Penale no: chi ha condanne penali può sedere in parlamento a legiferare sulla scuola, ma non insegnare (per quanto mi riprometta di non farlo, finisce che ci ricasco sempre, sulle magagne della scuola italiana). Ora, i casi sono due: o l'insegnante di diritto esercita anche la professione di avvocato oppure si limita a insegnare. Se ha uno studio, per quelle consulenze che i colleghi gli chiedono al volo si fa di solito profumatamente pagare, e gli scoccia altamente doverle elargire gratis; in caso contrario ha scelto deliberatamente di non occuparsi di queste cose e gli scoccia altamente doverlo fare, ancor più doverlo fare gratis. Situazioni imbarazzanti quindi, e di non facile soluzione. Su come uscirne, però, li lascio arrangiarsi da soli: io ho già risolto il mio problema degli studenti madre lingua.

Gli insegnanti di matematica, ben saldi nella loro fede di insegnare la materia più difficile, non hanno paura di niente e di nessuno. O meglio, di niente che abbia scoperto fino a ora. Sono sempre alla ricerca del loro punto debole.

Gli insegnanti di religione hanno paura di essere scoperti a sacramentare in pubblico, ma ogni tanto, inevitabilmente, sfugge loro qualche bestemmione. E non potrebbe essere altrimenti. Un insegnante di religione ha un'ora di insegnamento per classe, il che significa diciotto classi per raggiungere l'orario settimanale standard. Diciotto classi! Diciotto consigli di classe! Io che come insegnante di lingue devo a ogni tornata sorbirmene sei, ho le palle frantumate già dopo il terzo, al quinto sono costretto ad alzarmi perché le ho così gonfie da non poter stare seduto, e per evitare il sesto a quel punto sarei pronto anche a compiere sacrifici umani (di studenti, due piccioni con una fava). Dopo diciotto consigli di classe in tre giorni si diventa insegnanti di religione per meriti sul campo, perché a quel punto è impossibile non avere visioni mistiche. Quando però vedi il collega di religione che legge il calendario della prossima sessione di consigli e scopre che, su diciotto che ne ha, diciotto gliene toccano, perché neppure due si sovrappongono per orario, lo scopri a masticare sottovoce imprecazioni assai poco religiose.

Al momento non mi viene in mente altro, ma l'elenco è aggiornabile.

4 febbraio 2009

Con gli scrutini del primo quadrimestre abbiamo fatto tardi e quando me ne vado incrocio i colleghi che arrivano in quel momento, perché insegnano al serale.

Il paradiso.

In tanti anni di insegnamento ho avuto solo una breve supplenza alle serali, ma è stata un'esperienza rivelatrice. Adulti seri, motivati, rispettosi, che ti fanno capire come il percorso dell'istruzione sia completamente sbagliato: a quindici anni si dovrebbe andare a lavorare, possibilmente un bell'impiego di fatica che tolga i grilli dalla testa, e a trenta tornare a scuola.

Facciamo le cose all'incontrario e i risultati si vedranno.

Purtroppo non ho più potuto ripetere quell'esperienza, perché i pochi che hanno un incarico al serale se lo tengono stretto (niente preside fra i piedi, sabato sempre libero). Per fortuna che questo è un diario che non ho intenzione di mostrare a nessuno, altrimenti anche altri colleghi, leggendo queste righe, verrebbero a conoscenza delle delizie del serale, e ci sarebbe da sgomitare ancora di più per ottenere un posto.

13 febbraio 2009

Si torna a parlare di riforma della scuola.

Le scamorze democristiane, quelle ineffabili nullità che per cinquant'anni di regime scudocrociato venivano nominate ministri dell'Istruzione, a pensarci oggi, viene da rimpiangerle.

Già, perché nella cosiddetta prima repubblica al nostro ministero ci andavano personaggi da commedia dell'arte, uomini (o donne) che già dalla faccia denunciavano la loro stessa meraviglia di dover ricoprire un'alta carica dello Stato. Probabilmente erano messi lì perché i calcoli dicevano che un ministero gli andava pur dato e allora che fosse l'Istruzione, che mica era quello dell'Interno, e danni non se ne potevano fare.

E per danni si intende ovviamente perdere voti, poiché una delle grandi fregature della scuola è sempre stata che i suoi utenti non votano, e quindi anche un servizio scadente non provoca cadute di consensi.

Tuttavia questi ministri minchioni avevano un grande pregio, si accontentavano. Scevri da manie di protagonismo o di presenzialismo (parola che allora neppure esisteva) erano soddisfatti di sedere nel loro scranno a firmare le importanti circolari di saluto agli studenti per l'inaugurazione del nuovo anno scolastico, e di maturare così il diritto alla pensione. Tutto sommato, delle brave persone. Di quello che c'era, non si azzardavano a toccare nulla, lasciavano che le cose andassero avanti da sole come erano sempre andate.

E la scuola funzionava. Certo, con mille difetti, però svolgeva la sua funzione ed era un'istituzione rispettata.

Le riforme, invece.

Nella mia non breve, ma certo non lunghissima, carriera scolastica ho già dovuto attraversare tre (dicesi tre!) riforme del sistema dell'istruzione. Se pensiamo che le quattro generazioni di insegnanti del dopoguerra che mi hanno preceduto se ne sono dovute sobbarcare sì e no mezza (i decreti delegati del 1974), abbiamo un'idea della disgrazia toccataci in sorte.

Con la cosiddetta seconda repubblica, al ministero della Pubblica istruzione hanno continuato come prima a sedersi dei minchioni, privi però di qualsiasi senso di autocritica, convinti che fosse toccato loro in sorte, probabilmente per diritto divino, il sacro compito di riformare la scuola.

Il primo cretino che passa per strada, se interrogato, vi elencherà che:

Le riforme di un servizio pubblico servono per migliorarlo, non per peggiorarlo.

Prima di procedere a una riforma è necessario capire quali siano gli aspetti da migliorare; riformare a casaccio difficilmente conduce a buoni risultati.

Le riforme comportano notevoli investimenti di risorse; quelle che vengono spacciate come «riforme a costo zero» hanno in realtà un altro nome, si chiamano *tagli*.

Orbene, questi tre punti, noti appunto anche al primo cretino che passa per strada, sono stati invece (chissà perché) clamorosamente ignorati dai ministri (?) della seconda (??) repubblica i quali, da destra e da sinistra, hanno gioiosamente imperversato sulla scuola, con danni paragonabili a quelli che produrrebbe un bambino di tre anni messo davanti alla console di comando di una centrale nucleare, libero di azionare a piacere leve e pulsanti.

Il deserto che segue alle esplosioni nucleari è più o meno ciò che è rimasto della scuola, soprattutto nell'atteggiamento della base, cioè di chi ci lavora. A qualcuno infatti è mai venuto in mente di chiedere a noi insegnanti, ma anche personale di segreteria e custodi, quali fossero gli aspetti del servizio scolastico bisognosi di riforma? Ovviamente no. I vari ministri (?), che in una scuola non ci mettevano piede dal giorno del diploma, si sono guardati bene dal mettercelo nuovamente.

Il risultato è che adesso si tira a campare. Chi te lo fa fare di sbatterti per qualcosa che verrà cancellato con un colpo di spugna dal prossimo governo? Il quale a sua volta costruirà un altro castello di sabbia, pronto per essere abbattuto al cambio di bandiera?

Qualcosa di concreto, è giusto dirlo, comunque rimane.

I tagli di spesa.

Ognuno aggiunge i suoi ma, per doveroso rispetto, lascia intatti i precedenti. Che bello! Spero che al prossimo corso di aggiornamento mi insegnino dove fare ancora un altro buco sulla cintura.

P.S.: Lo metto in un post scriptum perché non voglio dargli molto risalto, ma a volte succede pure che gli studenti pongano domande intelligenti e dalle risposte siano addirittura in grado di trarre conclusioni non disprezzabili. Chiedono per esempio come si faccia a capire se lo Stato funziona e la risposta che ricevono da me è sempre la stessa: scuola, sanità e giustizia efficienti. Che la scuola sia allo sbando lo toccano con mano, che la politica voglia mettere il bavaglio alla giustizia e favorire la sanità privata lo sentono dire (o altrimenti li informo io). E allora concludono: «Ma non è che vogliono toglierci la democrazia?».

14 febbraio 2009

Dalla pubblica lettura del diario di Simonti Arianna, classe quinta C, apprendo che, adesso che è diventata maggiorenne e non ha più bisogno della firma dei genitori, intende fare un provino per diventare velina.

Sai che novità.

Tutte le studentesse, indistintamente, sognano di fare la velina.

Nessuna, indistintamente, sa cosa significhi il termine *velina*.

Tutte, con poche eccezioni, sono costrette a sognarlo e basta, poiché – causa un'alimentazione sregolata a base di merendine killer – sono irrimediabilmente chiattone dal culo grosso.

Quando dico che lo sognano tutte, intendo tutte. Anche le più secchione, le più sofisticate, le più cozze – insomma anche quelle che, se avessero un minimo di buon senso, capirebbero di essere inadatte o destinate a qualcosa di meglio – desiderano fare la velina (e d'altra parte se avessero buon senso non proverebbero quel desiderio).

Dopo un sondaggio che ho condotto a tappeto su centinaia di studentesse posso affermare con assoluta sicurezza che in tutta Italia non ne esiste una che sappia che «velina» è un termine tecnico delle redazioni dei quotidiani. Quando provo a spiegare loro non solo la parola, ma anche il fatto che desiderare fortemente qualcosa significa impegnarsi, studiare e conoscere a fondo ciò che si vuole, in tutti i particolari, ottengo in risposta uno splendido sguardo vuoto. Sollecitate a esprimersi su queste mie profonde riflessioni, rimarcano in genere due concetti e cioè che le ragazze come loro ma che hanno avuto successo in televisione lo devono: a) a una botta di culo clamorosa, b) al fatto di averla data e concessa generosamente a destra e a manca. Su quest'ultimo punto traspare poi chiaramente la ferma intenzione di agire nello stesso modo, caso mai l'occasione capitasse anche a loro.

«Per andare al *Grande Fratello* non c'è mica bisogno di tanta preparazione» mi ribattono.

Inutile dire che di George Orwell e di *1984* nessuno sa nulla.

Poiché sono carogna, non ho per fortuna nessun rimorso a far loro notare che sono tutte ragazzine snelle e graziose. Finché rimangono sedute al banco. Non appena si alzano in piedi, mettono in mostra due cosce a prosciutto e un sedere a balena; non contente, poiché impera la moda di andare in giro a pancia scoperta, anche qualche bel rotolo di grasso maialesco. C'è una leggera differenza con i fisici che si vedono in TV, faccio notare, e d'altra parte un'alimentazione a base di grassi saturi e bevande dolciastre, come quelle che vedo imperare durante la ricreazione, non può produrre risultati diversi.

«Ma in televisione le aggiustano per farle apparire così» pigolano imbarazzate.

Per evitarmi un altro sguardo vuoto, rinuncio a spiegare cosa significhi il sacrificio per ottenere un risultato. Faccio invece mentalmente una tacca per ognuna di loro che vedo destinata al ruolo di casalinga bulimica, divisa fra il frigorifero e il televisore, dedita a ingozzarsi mentre guarda con rimpianto quelle che hanno avuto una botta di culo.

17 febbraio 2009

Nei discorsi oziosi fra colleghi in sala insegnanti, viene fuori spesso questa domanda: «Ma è rimasto qualcosa di bello nell'insegnamento e nell'andare a scuola?». Ancora di più me la pongono all'esterno, in occasione di qualche fatto di cronaca di bullismo o dell'apparizione di video vari e inquietanti su YouTube. Perché, in definitiva, ci potrebbero chiedere: chi ve l'ha fatto fare? Stipendio scarso, lavoro gravoso, gratificazioni meno di zero...

Ovviamente sì, ci sono anche aspetti per cui vale la pena di fare l'insegnante, a parte l'infierire sugli studenti. È solo che non trovo il verso di scriverne.

Credo che si tratti in primo luogo di una legge fondamentale della comunicazione: è più interessante parlare di difetti, disgrazie, cose che vanno male e cattiverie varie che non raccontare la storia idilliaca di un insegnante che si prodiga affinché le giovani generazioni crescano integre e con dei valori. E poi io ci ho anche provato a svolgere altre professioni, ma ero tagliato solo per fare l'insegnante. Non ho la mentalità per lavorare in un'azienda, di nessun tipo, perché non sono portato a solidarizzare con la missione aziendale, qualunque essa sia. Se devo convincere un cliente della bontà del nostro prodotto, mi trovo inevitabilmente a dar ragione a lui che lo ritiene invece una ciofeca e a battergli con approvazione la mano sulla spalla quando decide di non acquistarlo. Con un'indole del genere, capite bene come una gran parte del mondo del lavoro mi fosse preclusa.

Nella scuola si può invece contestare apertamente il sistema e nello stesso tempo fare con passione il proprio lavoro. Per me era l'unica soluzione possibile.

18 febbraio 2009

Non leggo mai le riviste di didattica, perché appartengono a un altro mondo, nella fattispecie a un mondo dove gli studenti sono entità astratte, prive di corpo e soprattutto di voce, delle specie di manichini inchiodati ai banchi e sui quali gli insegnanti riversano il loro sapere, usufruendo delle più moderne metodologie esposte per l'appunto in tali riviste.

Oggi però ne sfoglio distrattamente una della quale ho ricevuto una copia in saggio e leggo un articolo che mi fa capire che mi sbagliavo.

Finalmente hanno pensato a noi!

Era ora!

Dopo anni, anzi decenni, nel corso dei quali la professione dell'insegnante non è stata considerata un lavoro, bensì un modo come un altro per trascorrere la mattinata, le cose sono cambiate. Adesso anche al ministero, bontà loro, riconoscono che si tratta di una professione logorante e che bisogna fare qualcosa per i poveri insegnanti esauriti dallo stress.

E hanno già trovato la soluzione!

Quale? Non state a lambiccarvi troppo il cervello su metodi complicati e soprattutto costosi. È stato sufficiente dare un nome inglese alla patologia, e dire che gli insegnanti soffrono di «sindrome da *burnout*». Il passo successivo viene di conseguenza: curarli tramite il *counselling*.

Fine.

Semplice e geniale.

Insegnante: «Non ne posso più. Gli studenti mi prendono per il culo, il preside dice che faccio male il mio lavoro, mia moglie e i miei figli si lamentano perché guadagno poco e non arriviamo a fine mese...».

Counsellor: «Tutto si risolverà. Devi solo ritrovare il tuo equilibrio interno. Vedrai che avremo un ottimo feedback».

Spero per loro che i counsellor non lascino oggetti contundenti alla portata degli insegnanti.

26 febbraio 2009

Porchetti Shalima, prima C, protesta: «Professore, perché ci chiama sempre e solo per cognome? Abbiamo anche un nome, sarebbe più confidenziale».

Rinuncio in partenza a spiegare a Porchetti i mille motivi per cui non desidero nessun rapporto confidenziale con lei, e le pongo a mia volta una domanda: «Consideri più bello il tuo nome o il tuo cognome?».

La risposta giunge immediata: «Il mio nome, si capisce».

Non ne dubitavo. Inutile spiegarle che Porchetti è un onesto cognome italiano e Shalima un orrido nome simil-esotico. Madri cresciute a pane e soap opera hanno prodotto una pioggia di Jennifer, Jessica, Samantha, Deborah, Sharon. Queste povere ragazze si ritrovano segnate a vita da un'unione di nome e cognome che farebbe orrore a un rospo. Cito dal mio registro. Prima C: oltre alla già citata Porchetti Shalima, una splendida Salamoni Jennifer e una notevole Vallonacci Jessica. Seconda C: ben tre Debora, una senza h, una con l'h finale e una strepitosa Debhora con l'h in mezzo.

Per non parlare di Ciaffani Desi, terza C, che ho impiegato un po' per decifrare, finché non ho scoperto che era un tentativo di italianizzazione di Daisy. Quando le ho detto che Daisy significa Margherita ci è rimasta male. Chissà che si credeva.

Ma anche i nomi maschili fanno la loro parte. Bellissime sono le declinazioni dell'originale Michael (da usare rigorosamente al posto di Michele, ci sono solo due lettere di differenza, ma fa enormemente più fine). Alcuni lo hanno scritto correttamente ma lo pronunciano *Miscèl*, altri lo hanno italianizzato in maniera esilarante: Maicol oppure Maico. Come Christian, dove la *h* può mancare: Cristian (troppo sforzo aggiungere una *o* per Cristiano), oppure compare in tutte le posizioni: Cristhian, Cristiahn. Lo stesso dicasi per John: Jonh, Jhon, Gionni, Gionny. Inutile parlare poi di quanto abbia nuociuto Kevin Costner, fornendo il suo nome a brufolosi ragazzi italiani molto lontani dalla bellezza che aveva così colpito le madri.

Ma la palma del migliore spetta quest'anno sicuramente a Marrazzo Devi, quinta C, che non è la seconda persona singolare presente indicativo del verbo dovere, bensì l'incredibile italianizzazione di David.

Inutile dire che sui possessori di questi nomi infierisco ad libitum. Classe seconda, una delle tre Debora.

«Cignone Deborah. Tua madre è inglese o americana?»

«No.»

«Perché allora quella *h* in fondo al nome?»

«La mamma mi ha detto che c'era un'attrice che si chiamava così.»

«La mamma. E il babbo non ha protestato?»

«Piaceva anche a lui.»

«Peccato che le acca ti abbondino solo nel nome, dove non ce n'era bisogno, mentre nell'ultimo compito, come al solito, ne mancavano un sacco e una sporta.»

(Aperta parentesi. I genitori di Cignone Deborah, così accorti nel selezionare il nome del loro tesoro, lo sono assai meno nel seguire l'iter scolastico della figlia. Costei, grazie anche alla leggerezza con cui tralascia le acca, ha già inanellato una splendida serie di insufficienze dall'inizio dell'anno, né sembra intenzionata a porvi fine. Nonostante ciò ai ricevimenti devo ancora vedere i volti dei genitori, che non sembrano preoccuparsi troppo dell'asineria della figlia, forse confidando in un futuro da attrice. Grazie al nome.)

Marzo

4 marzo 2009

Sono nell'ora di ricevimento dei genitori e tocca a me fronteggiare le ire di un babbo al quale è appena arrivata una lettera della scuola a comunicargli che il figlio, Cannicchioli Giacomo, prima C, ha più insufficienze che brufoli (e questi ultimi non sono pochi).

«L'anno scorso sono venuto all'*open day* della scuola, ci hanno garantito che se iscrivevamo qui i nostri figli sarebbero stati seguiti passo passo, che per eventuali insufficienze si sarebbe provveduto per tempo...»

Mi sembra di essere l'addetto ai reclami di un'azienda che sbologna ciofeche e poi si rifiuta di sostituirle.

D'altra parte è così da parecchi anni ormai, da quando spira sulla scuola un vento nefasto, una parola d'ordine che terrorizza chi la conosce: autonomia.

Brillante invenzione che doveva avvicinare la scuola italiana al modello di gestione indipendente delle risorse delle scuole anglosassoni. A parte il fatto che nessuno sentiva la necessità di avvicinarsi ai modelli anglosassoni, dai quali semmai era meglio cercare di differenziarsi ancora di più, il risultato è stato un pasticcio tremendo, un aborto senza capo né coda.

Perché le cose si fanno o non si fanno. Nel caso dell'autonomia, ovviamente, era meglio non farne niente, ma così è ancora peggio: le scuole sono autonome ma dipendenti dal centro, possono autoregolamentarsi ma senza esagerare, decidono individualmente ma entro regole comuni. Se vogliamo trovare un termine tecnico per definire l'autonomia all'italiana, direi che si tratta di una cazzata da manuale.

Poiché questo è solo un diario, lasciamo perdere l'analisi in dettaglio del fallimento dell'autonomia, che non mi riguarda, e vediamo soltanto la ricaduta su noi insegnanti.

Ho già scritto del fatto che dobbiamo impegnarci in una campagna acquisti all'ultimo sangue per guadagnare più iscritti possibile alla nostra scuola. Mentre un tempo c'era *la* scuola statale, adesso ci sono le singole scuole in lotta fra di loro per strapparsi i ragazzi a suon di «offerte formative» migliori.

Come tutte le guerre fra poveri, a rimetterci sono solo i poveri, cioè studenti e insegnanti. Questi ultimi devono abdicare alla propria dignità e convertirsi in esperti di marketing per imparare ad abbindolare quanti più utenti (non studenti, si badi bene) possibile, con licenza di spararle grosse pur di ottenere iscrizioni. Gli studenti e i loro genitori, di contro, non possono usufruire di un'informazione obiettiva, come ci si attenderebbe dalla scuola statale, ma solo di pubblicità, con lo stesso grado di verità di quella televisiva.

Ma perché?

Il primo cretino che passa per strada (lo stesso di prima) vi direbbe che, trattandosi di un servizio pubblico, tutte le scuole statali dovrebbero offrire la stessa qualità, e che un ragazzo, che decida di iscriversi alla scuola che gli è stata oculatamente consigliata in base alle sue capacità e necessità ha diritto a frequentarla con pari opportunità in tutta Italia. Sembrerebbe un'assurdità doverlo ricordare, ma la concorrenza esiste nel privato. Se la si trasporta nel pubblico il risultato è solo un'enorme confusione.

Con termine tecnico, un casino.

5 marzo 2009

Questa è davvero l'ultima volta che assegno un compito di traduzione dall'inglese all'italiano. Mi pone troppi problemi, non so come valutarlo, perché spesso si intuisce che la traduzione è giusta, ma scritta in un non italiano. A meno di non voler ribaltare la questione. Se è l'uso che fa la norma, fra qualche decennio dovremo onorare i nostri studenti di oggi come illustri grammatici, creatori della regola del «se + condizionale». Ineffabili costruzioni come «se avrei, se verresti, se mangeremmo» e via di fiore in fiore andrebbero registrate e conservate a futura memoria, perché se è vero che da tempo si lamenta la scomparsa del congiuntivo, è altrettanto vero che fino a poco fa ci si limitava a sostituirlo con l'indicativo.

«Se ho» al posto di «se avessi», «se vieni» invece di «se venissi».

Doveva evidentemente trattarsi di una costruzione troppo rozza per i sottili (nel vero senso del termine) cervelli dei nostri studenti, i quali hanno pensato bene di escogitare qualcosa di più sintatticamente raffinato e letterario. Sia gloria a loro.

19 marzo 2009

Vedo molti colleghi affannarsi dietro ai «progetti» e non capisco perché.

Un vecchio adagio diceva che è meglio fare poche cose e bene che tante e male.

La tendenza attuale della scuola, manco a dirlo, si muove in direzione opposta. La famigerata pluralità di «offerte formative» costringe gli insegnanti a presentare un'infinità di questi progetti, improvvisandosi esperti di discipline delle quali non sanno assolutamente nulla, o anche se lo sanno non lo sanno insegnare, e se anche lo sanno insegnare non serve a nulla, in ambito scolastico.

Specialmente e tanto più quando questi fantomatici progetti sono volti a inseguire il fantomatico contatto con il «mondo del lavoro».

L'inseguimento del mondo del lavoro da parte della scuola è una corsa persa in partenza. Se il mondo del lavoro si sposta da A a B, prima che la scuola possa aver compiuto lo stesso passo, il lavoro è già a C, se non a D, vanificando l'impiego di risorse che la scuola ha fatto per raggiungere B. Impostato in questi termini il problema non ha soluzione, perché la scuola per sua natura ha dei tempi lunghi, che non è possibile né conveniente cambiare. Semplicemente scuola e lavoro sono due mondi che assolvono a funzioni diverse, e se la prima cerca di scimmiottare il secondo, il risultato inevitabile è il fallimento (quando non il parto di creature mostruose, come la cosiddetta «scuola-azienda», che purtroppo periodicamente ricompare). La scuola NON deve insegnare cosa si fa nel mondo del lavoro, men che meno seguendo direttive impartite da quest'ultimo; a scuola si insegnano le materie scolastiche e, se lo si fa bene, l'applicazione pratica degli insegnamenti verrà di conseguenza.

Punto.

Torniamo ai progetti. Per raggranellare due porchi euro, gli insegnanti sono costretti a inventarsi di tutto, anche il famigerato laboratorio di ceramica (o di bonsai, o di tecniche di rilassamento... c'è di tutto) sottraendo tempo ed energie all'insegnamento vero.

D'altra parte, come sempre, l'esempio viene dall'alto.

Cito solo un caso che risale a qualche anno fa, ma rimasto nella storia per la sua splendida castroneria.

Una delle questioni che periodicamente tornano sul tappeto, senza mai trovare soluzione, è quella dell'aggiornamento degli insegnanti. Benissimo: ecco che d'improvviso fu deciso per contratto un cambiamento epocale, vale a dire che gli avanzamenti di carriera erano legati all'aggiornamento. In parole povere: dopo tot ore di corsi di aggiornamento si otteneva l'aumento di stipendio. La pensata, già di per sé poco felice, possedeva però uno stupendo corollario: gli aggiornamenti erano svincolati dalla disciplina di insegnamento. Un collega di matematica acquisì lo scatto di categoria con conseguente aumento stipendiale (lo chiamano proprio così, «stipendiale») dopo aver frequentato nell'ordine: un corso sugli etruschi, uno sul cinema espressionista, uno di giardinaggio (avete letto bene, giardinaggio) e uno sulle dialettiche interculturali.

Roba da far impallidire i maestri del surrealismo, se non fosse che la logica era come sempre quella del magna-magna. In questo caso magnavano gli organizzatori dei corsi di aggiornamento, manco a dirlo in mano ai soliti amici degli amici.

Che se poi qualcuno si sta ancora chiedendo cosa siano le dialettiche interculturali non venga a chiederlo a me, e neppure al collega di matematica, che mi confessò candidamente di non essere riuscito a capirlo durante tutto il corso.

20 marzo 2009

Puntualmente giungono circolari che invitano all'interdisciplinarità.

L'interdisciplinarità è una parola che, scritta con Word, viene subito sottolineata di rosso, perché sconosciuta. Purtroppo non è così per la scuola, dove serve a riempire la bocca a chiunque voglia adoperarla.

Si deve tendere all'interdisciplinarità, tramite l'utilizzo di temi trasversali.

Temi trasversali?!

Prendiamo ancora una volta il primo cretino che passa per strada, sperando che non ci mandi a quel paese, e chiediamogli se secondo lui esistano punti di contatto, per esempio, fra la matematica e l'inglese, tali che possa essere proficuo insegnarle insieme. Credo sia meglio porre la domanda da una certa distanza, per evitare che, sentendosi preso per il culo, il cretino abbia reazioni violente.

Evidentemente al di sotto del livello del cretinismo, gli esperti del ministero hanno partorito in questi anni figure mostruose (solo la stampa si meraviglia, non certo gli insegnanti, quando i temi per la maturità arrivano zeppi di strafalcioni). Ricordo un breviario ministeriale con esempi memorabili di interdisciplinarità, del tipo: coniughiamo allegramente matematica e inglese discutendo uno studio di funzione in inglese.

Discutere uno studio di funzione in inglese?!

Il concetto semplice e inoppugnabile che l'insegnante di inglese e l'insegnante di matematica debbano ciascuno insegnare bene la propria disciplina senza immischiarsi dei fatti dell'altro è evidentemente troppo semplice e troppo inoppugnabile per essere recepito in ambiente ministeriale.

Andate da un imbianchino e invitatelo a non usare il pennello per dipingere la vostra stanza, bensì una cazzuola da muratore, ma anche stavolta tenetevi a distanza per evitare reazioni violente.

Ecco, forse è proprio questo quello che manca: una reazione violenta.

Se all'ennesima cazzata ministeriale una commissione (interdisciplinare) di insegnanti lisciasse la schiena dei responsabili con qualche buona sana vecchia bastonata (anche trasversale), forse il tasso di natalità delle mostruosità calerebbe.

Ma ahimè, gli insegnanti sono miti e ingoiano un rospo dopo l'altro, tanto da aver portato questa povera specie vicina all'estinzione.

Aprile

1 aprile 2009

A proposito di mitezza degli (altri) insegnanti, oggi arriva in sala professori la collega Frescucci di scienze, quasi in lacrime perché le hanno rigato pesantemente l'automobile. Su chi possa essere il responsabile fra i suoi studenti ha pochi dubbi, ma ovviamente non può farci niente.

A me non è mai successo, ma forse solo per questione di fortuna. In ogni caso, nella peggiore delle ipotesi, finisco in pareggio: ho sempre graffiato i motorini degli studenti che mi stavano sul culo.

2 aprile 2009

Sono malato. È un trascurabile fatto privato.

Chi leggesse queste mie note altrettanto private potrebbe ricavarne l'impressione che io ritenga che coloro che reggono le sorti della scuola e della pubblica amministrazione in generale siano una massa di incompetenti.

Non è così.

Hanno un loro disegno.

La campagna mediatica contro i dipendenti pubblici, presentati come fannulloni e privilegiati (non ho fatto nomi finora e non li faccio neppure adesso. Basta il cognome: Brunetta) ha lo scopo di distruggere ogni diritto dei lavoratori e coprire le responsabilità dei politici nella sistematica distruzione dei servizi pubblici. Più questi ultimi vengono devastati, più si legittima la loro progressiva cessione ai privati. Peccato che in queste campagne nessuno spieghi che un servizio privatizzato costa più di uno gestito direttamente, che la qualità peggiora e aumentano i costi per l'utenza, mentre si rimpinguano i portafogli delle lobby economico-politiche che governano l'Italia.

Sono malato, dicevo. Succede, anzi al cambio di stagione è una cosa abbastanza normale. Ieri sera avevo un forte mal di testa e oggi mi sono svegliato con la febbre alta.

Per Brunetta sono già colpevole: nel momento in cui alzerò il telefono per comunicare alla scuola che non sono in grado di andare a fare lezione, prontamente scatterà la mannaia che mi decurta lo stipendio. Poco male se fosse pari al suo, ma non lo è: in un anno guadagno almeno trenta volte meno di lui. Per i primi dieci giorni di malattia riscuoterò ancora meno del poco che già prendo.

Fin qui poteva esserci una logica (che poi è sempre quella, cioè di rifarsela con il più debole) che permetteva allo Stato di risparmiare qualche spicciolo.

Troppo semplice.

Bisogna comunque fare in modo che la macchina statale si inceppi e che le spese immotivate salgano. Come? Facilissimo. Obbligatorietà della visita fiscale.

Fino allo scorso anno, la visita fiscale agli assenti per malattia era a discrezione del preside, il quale in genere la ordinava seguendo un criterio ormai sempre più in disuso, cioè il buonsenso. Vale a dire che all'insegnante che faceva tre giorni di assenza all'anno non si sognava neppure di mandare il controllo a casa, ben sapendo che non si trattava di un assenteista. Dato che la visita fiscale ha un costo, questa veniva richiesta solo per gli assenteisti effettivi, che poi si sa sempre benissimo chi sono.

Adesso no. È obbligatorio sempre e comunque inviare il controllo, e i medici, contrariamente agli insegnanti, non lavorano quasi gratis (anche se non sono al livello dei ministri). Risultato: a questo punto dell'anno la scuola non ha più soldi per pagare le visite fiscali. Dove prenderli allora? Dal fondo con il quale si pagano le supplenze, è ovvio. E come fare allora a pagare i supplenti che sostituiscono gli insegnanti malati? Le mie conoscenze di economia si fermano qui (e mi sembra che con quelle dei ministri siamo pari).

...

Porchissima puttana!

Ci sono ricascato. Ho fatto ciò che mi ero ripromesso di non fare. Mi ero giurato di non parlare dei tentativi di disgregamento della scuola italiana. Poi, come quando prometto di fare facile il prossimo compito in classe, non ho mantenuto.

Ormai sono lanciato e proseguo.

Tutto ha avuto origine nel Sessantotto. Quella volta se la sono davvero fatta addosso e, una volta scampato il pericolo, si sono detti: «Non deve più succedere».

Ecco i bei risultati, è stata la loro riflessione, dell'istruzione democratica, di un sistema scolastico che funziona e permette a tutti di acquisire cultura e di capire che chi è al potere li sfrutta. Qui ci vuole una bella marcia indietro, altroché. Magari non subito, magari un po' alla volta, magari mascherata, però ci vuole.

Insomma, si sono detti, è necessario ricreare una bella ignoranza di base, un popolo che non sia più tale ma solo plebe. Altrimenti una volta o l'altra scoppia davvero la rivoluzione.

E così è cominciata. Una botta oggi, una spintarella domani, uno sgambetto dopodomani, hanno dato il via al progressivo e totale smantellamento dell'istruzione democratica. Perché la scuola che non funziona (come la sanità e la giustizia) danneggia solo i deboli. Chi ha soldi va all'università all'estero, si cura in clinica privata, si fa le leggi ad personam per non andare in galera. Il povero rimane ignorante, malato e derubato.

Naturalmente non lo si poteva fare allo scoperto, erano necessarie delle manovre diversive. E così si è spinto l'acceleratore verso una società del (finto) benessere. Ci hanno indebitati tutti affinché avessimo un'auto per ogni membro della famiglia, un televisore per ogni membro della famiglia, un cellulare per ogni membro della famiglia, e potessimo credere che l'importante erano i vestiti firmati.

I risultati sono più visibili per gli insegnanti che per chiunque altro.

Una classe di venticinque ragazzi e ragazze è composta da venticinque ragazzi e ragazze i cui interessi, in ordine di importanza, sono:

1. il cellulare
2. l'abbigliamento
3. il motorino
4. la PlayStation (per le femmine sostituita dal pettegolezzo su Messenger).

Il loro tempo è occupato, in ordine di durata, da:

1. inviare SMS
2. guardare le televisione
3. giocare alla PlayStation / spettegolare su Messenger
4. non fare niente in compagnia degli amici.

I loro modelli, in ordine di importanza, sono:
1. i partecipanti alla trasmissione *Amici*
2. i partecipanti alla trasmissione *Amici*
3. i partecipanti alla trasmissione *Amici*
4. i partecipanti alla trasmissione *Amici*.

I loro ideali, in ordine di importanza, sono:
1. partecipare alla trasmissione *Amici*
2. andare in televisione
3. andare comunque in televisione (non importa come o perché: anche per dimostrare dal vivo come si schiacciano i ricci col culo)
4. stare insieme a uno/una che è andato in televisione (così magari ti intervistano per chiederti come ci si sente a stare insieme a uno/una che è andato in televisione).

Qualsiasi tentativo di smuoverli dall'apatia consumistica e dalla politica del gregge viene respinto al mittente, con la stessa dicitura che Bossi ha messo sulla coerenza: destinatario sconosciuto.

La missione post Sessantotto può ormai considerarsi compiuta: le prossime generazioni saranno bovinamente supine.

8 aprile 2009

Siamo vicini alla scadenza per la scelta dei libri di testo per il prossimo anno scolastico. Appuntamento di routine, ma quest'anno con interessanti novità.

La cosa bella è che non ti deludono mai.

Parlo delle teste pensanti (?) del ministero: ti aspetti che facciano una cazzata e loro, puntualmente, la fanno.

Una delle poche cose sulle quali non ci sarebbe da intervenire sono i libri di testo: si tratta di un settore nel quale la concorrenza ha dato veramente dei buoni frutti e i libri a disposizione degli insegnanti e degli studenti italiani sono davvero di buon livello, se non ottimo, in tutte le materie.

Se quindi c'è qualcosa di soddisfacente, è necessario pensare subito a smantellarlo.

Motivo?

L'eccessiva spesa delle famiglie italiane per i libri di testo.

Facciamo un passo indietro. Lo studente italiano medio mi si presenta giornalmente così agghindato:

Scarpe Nike – € 180
Jeans firmati – € 220
Felpa Paul Frank – € 100
Giubbotto Carhartt – € 120
Zaino e astuccio della marca più in voga – € 80
eccetera eccetera.

Se però mi azzardo a proporre l'acquisto di un dizionario (articolo che, contrariamente alle felpe, non sarà passato di moda il prossimo anno) per la fantascientifica somma di cinquanta euro, devo contrastare una sommossa popolare di studenti e genitori. Riesco addirittura a peggiorare ulteriormente la mia già scarsa popolarità, quando faccio notare che basterebbe destinare il dieci per cento delle spese per le ricariche telefoniche all'acquisto dei libri e i giochi sarebbero fatti. Non sia mai: il diritto di sciopero viene impunemente attaccato dai nostri governanti senza apprezzabili reazioni, ma toccare il diritto al messaggino scatenerebbe una guerra civile.

E allora eccola, la pensata suprema per mantenere al popolo la sacrosanta possibilità di inviarsi messaggi sgrammaticati e alleviarli dal peso di dover acquistare le grammatiche, che oltretutto nessuno legge mai.

I libri di testo si scaricheranno da internet!

Facile e gratuito. Grandioso!

Stavolta anche il nostro vecchio amico, il primo cretino che passa per strada, non dovrebbe avere niente da obiettare. Almeno credo. Sentiamo cosa direbbe.

Una minchiata di proporzioni più colossali era difficile escogitarla. Forse coloro che hanno escogitato i libri scolastici che si scaricano da internet pensavano di vivere in un altro Paese, non in quello che è ultimo in tutte le classifiche europee per quanto riguarda la presenza di un computer nelle famiglie. Che se poi c'è, non è detto che sia collegato a internet, e se lo è, molto probabilmente manca di ADSL, visto che anche qui siamo al primo posto (partendo dal fondo) nella copertura del territorio nazionale.

Già questo sarebbe sufficiente, ma ammettiamo pure che si riesca a superare l'ostacolo. Ecco quindi la giuliva famiglia italiana che, invece di recarsi in libreria a dissanguarsi, si collega all'apposito sito e scarica ciò che le serve. Anzi, visto che non costa niente magari anche qualcosina in più (»Scarica pure il libro di francese.» «Ma io ho scelto spagnolo.» «Non si sa mai.»). Ed ecco che si ritrovano con le loro brave sette-ottocento pagine senza aver speso un centesimo.

Grande gaudio. Non rimane che stamparle.

Più di mille euro.

Facendo i conti della serva, questa è la spesa (utilizzando cartucce compatibili, carta economica e rilegatura fatta in casa) cui si andrebbe incontro stampando in proprio tutti i libri di testo che servono a uno studente per un solo anno scolastico. Evidentemente per gli autori di questa brillante pensata Adam Smith ha parlato invano. Non dobbiamo meravigliarci se poi questi signori non sanno che fare di fronte alla crisi economica.

Comunque, se adesso le famiglie protestano per tre-quattrocento euro all'anno di libri scolastici, figuriamoci a vedere la cifra più che raddoppiata.

Ma accantoniamo anche questo ostacolo, che pure è più grosso del precedente, e arriviamo a quello definitivo. Libri scolastici gratuiti su internet? E chi dovrebbe metterceli, se è lecito chiederlo? Forse a nessuno dei signori di cui sopra è venuto in mente (ma ormai neppure questo ci meraviglia) che la realizzazione di un libro scolastico richiede, da parte di una casa editrice, un notevole investimento di denaro, fatto allo scopo di ricavarne un profitto (ancora il buon vecchio Adam Smith). Alla richiesta di mettere poi tutto ciò gratuitamente a disposizione, è probabile che le case editrici rispondano di mettersi la richiesta in quel posto e cessino semplicemente di produrli.

Però anche questa è una soluzione: quando nessuno scriverà più i libri di testo, non ci sarà più necessità di comprarli. Un bel risparmio.

20 aprile 2009

Sono chino su una catasta di compiti da correggere. In buona parte di essi le parole sono state scritte estraendo a caso le lettere e disseminandole poi sul foglio in ordine sparso.

Per alcuni ragazzi si tratta di dislessia. Spesso però dietro l'alibi della dislessia si cela una malattia più subdola e anche più difficile da curare. La paraculite.

Questa malattia si sviluppa per contagio e colpisce specialmente i soggetti già afflitti dalla ben nota asineria o ciucaggine. Costoro, trovandosi in classe con un altro soggetto veramente afflitto da dislessia, osservano che a costui, in virtù della patologia, vengono abbonati molti errori nei compiti scritti, gli stessi che loro compiono per la suddetta asineria. Ed ecco che anche costoro, che fino a quel momento ne soffrivano ma solo in forma nascosta, si dichiarano improvvisamente affetti da dislessia, spesso grave.

Per la dislessia autentica lascio la cura agli specialisti. Per la paraculite ho invece io molti rimedi efficaci.

22 aprile 2009

Sono alla lavagna che scrivo. Do le spalle alla classe, ma sono perfettamente in grado di farne una fotografia.

Click.

Ecco quello che si può vedere nell'istantanea.

Ultimo banco in fondo a destra. Laki Andi, albanese, silenzioso e impegnatissimo, come sempre, nella preparazione di portachiavi scoobydoo, dei quali mantiene un florido commercio. Accanto a lui Marrazzo Devi è la dimostrazione vivente che lo sguardo «pallato», inventato da Paolo Villaggio per Fantozzi esiste davvero e permette di dormire pur avendo gli occhi sgranati.

Risaliamo di un banco. Ceci Matelda, ottantatré chili di peso, rovista furtiva sotto il banco, nel tentativo di scartare un Kinder Bueno per poi divorarselo senza che io me ne accorga. La compagna di banco Conti Arianna è intenta a scrivere, ha anche la lingua fra i denti da quanto è concentrata. Niente a che vedere con ciò che scrivo io alla lavagna, si capisce; riporta sul diario la cronaca minuto per minuto del pomeriggio trascorso ieri con il suo ragazzo.

Ancora più avanti. Giaggi Beatrice, la bella della classe (secondo lei della scuola), sta aggiustandosi il ciuffo davanti a uno degli innumerevoli specchietti di cui è fornita (gliene sono stati sequestrati anche cinque in una sola mattinata). Siede accanto a un maschio perché non accetterebbe mai il confronto con un'altra ragazza. Ermolinskij Ovlov, lettone, è in Italia da tre mesi e non capisce ancora una parola di italiano (e, io posso dirlo, neppure di inglese); non so se abbia le idee ben chiare sul luogo in cui si trova.

Prima fila. Turizzi Kevin. Mi guarda fissamente, ma non mi vede. La sua mano muove distrattamente la penna sul foglio, scarabocchiando dei ghirigori; la mente è altrove e l'enorme numero di brufoli sul volto mi fornisce preziose indicazioni sulle sue fantasie. Cintolini Massimo, il bello della classe (secondo lui della scuola). È girato indietro verso Giaggi, per chiederle in prestito uno specchietto per aggiustarsi il ciuffo, poiché il suo gli è stato sequestrato poco prima.

Fila centrale, ultimo banco. Santandrea Alessia. È italiana, ma le sue conoscenze della nostra lingua, almeno a livello scritto, non superano quelle di Ermolinskij (neppure in inglese). Non capisce perché debba venire a scuola quando sarebbe così bello sedere fra il pubblico in una delle tante trasmissioni della De Filippi e simili, perciò si allena e ogni tanto applaude. Accanto a lei Ozzani Angela è china sulla zaino, alla ricerca del libro di inglese: mediamente ogni due mesi, dopo un quarto d'ora accademico di riflessione, decide di seguire la lezione. Oggi è il giorno fortunato.

Banco davanti. Bacci Immacolata. Il nome la dice lunga sul tipo di educazione ricevuto in famiglia (il padre è rappresentante dei genitori e a ogni consiglio di classe non manca di scagliarsi sui danni delle classi miste) e infatti sembra sempre che preghi. Forma una coppia ben assortita con Giovannoni Chiara, testimone di Geova. Costei fissa ostentatamente un punto nel vuoto, poiché boicotta le mie lezioni su ordine della madre. Qualche tempo fa, durante un ricevimento dei genitori nel quale lei tentava di catechizzarmi, le ho risposto che non avrei mai potuto diventare un testimone di Geova, dato che le mie simpatie andavano alla Sampdoria. Non ha gradito.

Avvicinandoci alla cattedra troviamo Scarconi Dario, immortalato dall'istantanea mentre batte il suo record stagionale di scaccolamento, riuscendo a infilare nella narice sinistra due intere falangi dell'indice destro. A lato Ludu Emilio che, preso da spirito di emulazione, prova a imitare il maestro, con risultati mediocri (una falange e neppure per intero).

Primo banco. Laki Ervisa, sorella di Andi (in classe con il fratello perché lui è ripetente). Segue la lezione. Ha un braccio alzato, nel tentativo di zittire Lombardi Valentina, che tenta di distrarla da un'occupazione così insana.

Fila di sinistra, ultimo banco. Non si vede Semeioni Mirko. È disteso e dorme. Accanto a lui Germani Stefano è impegnato nell'arte più antica fra tutte quelle praticate sui banchi di scuola, la costruzione di un aereo di carta.

Nel banco davanti Semiova Olesya e Bondarchuk Jana sono chine su un'agendina. Preferisco non approfondire cosa possa esserci scritto su quell'agendina.

Un altro banco. Voltolini Gianpiero è nascosto dalla bolla del chewing gum che ha appena soffiato, Arali Barbara osserva le mie spalle con lo stesso sguardo meravigliato che riserva a ogni aspetto dell'esistenza (anche i tre che prende regolarmente nei compiti sono sempre accolti da uno sguardo stupito, come se ogni volta fosse la prima).

Primo banco. Iesoli Andrea e Malloni Alberto. Secchioni. Seguono la spiegazione.

Senza smettere di scrivere alla lavagna, dico seccamente: «Voltolini, quante volte devo ripeterlo che non voglio veder masticare gomma in classe? E tu fai pure le bolle? Due!»

Colpirne uno per educarne venti.

Maggio

5 maggio 2009

Davanti alla macchinetta del caffè un collega e io ci interroghiamo sul fatto se esista o meno un rimedio.

Perché noi insegnanti, mi obiettano spesso, parliamo solo in maniera distruttiva, senza mai proporre una cura efficace per rimediare al malessere generale della scuola.

C'è un perché.

Nessuno ce lo ha mai chiesto. Né a me, né alle decine di migliaia di altri insegnanti come me. Poiché siamo coloro che operano alla base – e che quindi meglio di tutti possono conoscere cause e rimedi delle disfunzioni – la classe politica (e buona parte di quella sindacale) si guarda bene dall'interpellarci.

Meglio calare dall'alto soluzioni (?) demagogiche buone a malapena per una campagna elettorale bulgara.

Eppure, come sempre, la soluzione vera sarebbe semplicissima, in due sole mosse. La fornisco adesso, in maniera totalmente gratuita, certo di non aver bisogno di copyright perché nessuno la adotterà mai.

Mossa uno. Tetto massimo di alunni per classe, nelle scuole di ogni ordine e grado: venti.

Mossa due. Triplicare lo stipendio degli insegnanti.

(Per la mossa due è prevista anche una seconda opzione: quadruplicare lo stipendio degli insegnanti.)

Esposte al pubblico, susciterebbero grasse risate, specialmente la seconda, ma voglio perdere qualche minuto per esaminarle brevemente.

Nelle classi sovraffollate l'insegnante abdica alla sua funzione e si limita a svolgere quella di parcheggiatore (se la classe è tranquilla) o di domatore (se la classe è turbolenta). È fisicamente impossibile seguire e guidare trenta studenti: un semplice giro di interrogazioni si porta via mezzo quadrimestre. Date agli insegnanti classi di venti studenti e si risolveranno gran parte dei problemi che alimentano e hanno alimentato in questi anni le discussioni nei convegni sulla scuola, in primo luogo *il* problema principe che sembra angustiare tutti gli operatori scolastici: la dispersione.

Sotto questo termine si nasconde semplicemente lo smettere di andare a scuola, l'abbandono delle aule da parte di una buona fetta degli studenti della scuola sia dell'obbligo che non. E c'è da meravigliarsi? I ragazzi meno motivati, che si ritrovano in una bolgia dove l'insegnante solo per imparare il loro nome impiega tre mesi, che vengono relegati in un angolo della classe a scaldare il banco, ci mettono poco a stufarsi e a prendere altre strade.

L'unica soluzione che il solito primo cretino (ma a questo punto penso anche il secondo) che passa per strada saprebbe proporre è fin troppo ovvia: classi poco numerose, dove sia fisicamente possibile seguire e motivare i soggetti passibili di dispersione (li chiamano così, ma sono solo ragazzi). Ovviamente si creerebbe a quel punto il fastidioso problema di cosa far fare a tutte le persone che si occupano della dispersione; è lo stesso annoso problema della FAO, che da anni si occupa di alimentare la fame nel mondo, onde mantenere i lucrosi stipendi dei propri funzionari.

Non ho soluzioni a quest'ultimo problema, o meglio saprei benissimo quale destinazione dare agli esperti di dispersione scolastica e ai funzionari della FAO, e sarebbe un'opportunità splendida, perché dodici ore giornaliere di duro lavoro nei campi gioverebbero sia a loro sia alla lotta alla fame nel mondo, ma dubito che la mia proposta incontrerebbe il favore dei diretti interessati.

Veniamo alla mossa due, quella che triplica (o meglio quadruplica) lo stipendio degli insegnanti.

Sembrerebbero legittimi i dubbi sul nesso di causa-effetto fra un provvedimento di questo genere e la soluzione dei problemi della scuola. L'obiezione che più spesso viene sollevata nei miei confronti, se esprimo questa opinione, è che la scuola è lì per gli studenti, che gli insegnanti sono al servizio degli studenti, che non possiamo far prevalere i nostri problemi su quelli degli studenti.

Bene.

L'autobus di linea è un servizio per gli utenti, l'autista è al servizio degli utenti, se ha dei problemi non deve prendere apposta le buche per farla scontare agli utenti incolpevoli. Giusto. Se però è troppo stanco per il servizio massacrante e la paga scarsa che lo costringe agli straordinari, e precipita con l'autobus in un burrone, non rende un buon servizio agli utenti.

I colleghi stranieri che prendono il doppio o il quadruplo di noi, viene spesso obiettato, lavorano però di più.

Vediamo.

Il collega con cui sto prendendo il caffè è appena rientrato da un gemellaggio con la Francia e deve ancora riprendersi dalla depressione causatagli dal confronto.

Un insegnante francese trascorre in classe più ore di me alla settimana. Lavora di più? Le scuole francesi hanno apposito personale di sorveglianza: nel corso della ricreazione io devo farmi venire due occhi alla Marty Feldman per controllare e sorvegliare tutti i ragazzi, il collega francese si reca tranquillo e rilassato a bersi un tè con i colleghi, mentre il personale addetto sorveglia gli studenti. Se decido di portare la classe in laboratorio devo personalmente preparare la stanza, accendere i computer, installare i programmi e poi assicurarmi che alla fine tutto sia spento e in ordine; con occhi ancora alla Marty Feldman mi occupo di trasbordare gli studenti dalla classe al laboratorio e viceversa. Il collega francese arriva in laboratorio e si siede per fare lezione, poiché il tecnico ha già preparato tutto e gli addetti alla sorveglianza hanno prelevato e accompagnato gli studenti. E così via...

Domanda: meglio lavorare qualche ora di più in condizioni ideali e ben pagati o qualche ora di meno in condizioni da cane e sottopagati?

P.S.: Non so se dipenda dalla situazione che ho appena descritto, anche se sospetto di sì, ma gli studenti francesi adottano dei comportamenti curiosi, che credo risulterebbero incomprensibili ai coetanei studenti italiani. Pensate che normalmente stanno in silenzio e quando vogliono parlare alzano la mano per chiedere la parola.

E non fate a spintoni, colleghi! Ho capito che volete chiedere il trasferimento in Francia, ma almeno voi rispettate la fila. Non fate come gli studenti.

8 maggio 2009

L'equazione fondamentale dell'insegnamento, il nostro equivalente di $e=mc^2$, la regola che non sbaglia mai è questa: conosci i genitori e capirai i problemi dei figli.

Squilla in classe il cellulare di Prati Filippo. Una bella suoneria polifonica con l'allegro motivetto dei Looney Tunes. Per quanto possa sembrare strano, è un evento verso il quale sono portato a essere comprensivo: può succedere di dimenticare di spegnerlo e la prima volta lascio correre con tutti.

Prati però sbaglia reazione: invece di mostrarsi contrito e scusarsi, gioca la carta dell'arroganza.

«È proprietà privata. Non può toccarmelo.»

«Certamente. Devi essere tu a consegnarmelo di tua spontanea volontà.»

«E se non lo faccio?»

«Lo consegnerai al preside.»

Io non minaccio mai l'intervento del preside, perché preferisco risolvere da solo i miei problemi. Se lo faccio, come questa volta, gli studenti sanno bene che non è una minaccia a vuoto, così come Prati sa bene che in quel caso lo attende una sospensione.

Con malagrazia viene a depositarlo sulla cattedra, borbottando qualcosa del tipo «se la vedrà con mio padre.»

E infatti l'arroganza del figlio è niente in confronto a quella del padre.

Il giorno dopo la bidella bussa alla porta della classe e mi dice che c'è un signore che desidera parlare con me.

«Oggi non è il mio giorno di ricevimento, però dopo la prossima ora ho un buco e ci parlo volentieri.»

«E invece parliamo ora e subito» tuona una voce dietro di lei.

La bidella si volta sorpresa; evidentemente l'uomo l'ha seguita senza che lei se ne accorgesse.

Non mi alzo, né rispondo. Dico invece alla bidella: «Anna, per favore, riaccompagni il signore nella zona dove attendono i genitori. Se si rifiutasse lo informi che sta commettendo il reato di interruzione di pubblico servizio e poi telefoni alla polizia o ai carabinieri».

Ho parlato a voce abbastanza alta da essere ben udito anche alle spalle della bidella, che richiude la porta.

Un'ora e mezzo dopo sono libero, ma prima mi concedo anche la pausa caffè e quando arrivo tutte le furie si sono ormai placate. L'uomo biascica qualcosa che potrebbero essere anche delle scuse, io gli restituisco il cellulare del figlio e lui se ne va.

Dietro atteggiamenti di questo genere, che purtroppo sono comunissimi, si cela quello che, più in generale, è il rapporto medio dell'italiano medio con la scuola e le istituzioni scolastiche. Questo passa attraverso varie fasi.

Vediamole.

Prima fase: utente. L'italiano medio va a scuola. Cerca di cavarsela con il minor danno possibile: i momenti più intensi sono i giorni di festa a sorpresa per sciopero degli insegnanti.

Seconda fase: estraneo. Il giorno dopo aver conseguito il titolo di studio, l'italiano medio si dimentica dell'esistenza della scuola. Se ne sente parlare in televisione, cambia canale.

Terza fase: genitore di utente. Per l'istruzione

del suo prezioso pargolo, l'italiano medio scopre d'improvviso tutte le magagne della scuola italiana. Esse si concentrano soprattutto in una figura, anzi in una categoria: quei fannulloni degli insegnanti (che oltretutto, senza alcun plausibile motivo, si ostinano a considerare il suo pargolo un emerito somaro). I momenti di maggiore intensità di questa avversione si hanno in occasione degli scioperi, quando il genitore non può depositare a scuola il suddetto pargolo e deve trascinarselo dietro.

Quarta fase: politico. Come tutti gli italiani medi, anche il nostro si ritrova una volta o l'altra candidato alle elezioni comunali. Sente allora il bisogno di essere aggiornato su tutte le questioni «scottanti», scuola compresa. Capisce poco di tutto ma niente di scuola, per cui si aggrappa al suo vecchio cavallo di battaglia: gli insegnanti fannulloni. Data la popolarità del tema, ne guadagna qualche voto.

Quinta e ultima: nostalgico. Superata una certa età, l'italiano medio inizia a provare un'incomprensibile e immotivata nostalgia per la scuola. Organizza cene di classe e si ostina a importunare i suoi vecchi insegnanti con imbarazzanti e indesiderate visite, per ricordare «i vecchi tempi». Già dalla seconda volta non gli aprono neppure più la porta.

12 maggio 2009

Scrocci Francesca si presenta in classe con il braccio destro ingessato. Non me ne frega nulla, ma il ruolo istituzionale mi impone di interessarmi alle disgrazie degli studenti.
«Che ti è successo?»
«Ieri l'altro sono stata a Viareggio.»

Ieri l'altro era domenica. Mi immagino quindi una gita in treno con conseguente piede malmesso scendendo dal vagone e caduta rovinosa.

Mi stupisco di come io possa essere ancora così ingenuo.

Non senza orgoglio, Scrocci mi narra di come si sia recata nella nota città balneare non per godere sulla spiaggia del sole primaverile, bensì per affrontare una certa Marusca (non ha un cognome, in compenso il nome è invariabilmente accompagnato da coloritissimi epiteti), rea di aver cercato di carpirle il ragazzo, facendo uso di certe arti maliarde di cui sembra essere maestra.

La gita domenicale doveva quindi servire a «rimettere al suo posto quella tipa» (lei non dice tipa).

Il braccio rotto denuncia chiaramente il fallimento della campagna militare (il vecchio detto «becca e bastonata» sembra qui cadere a proposito, ma non voglio infierire e taccio).

Benché continui a non fregarmene niente, una volta giunti alla fine del racconto mi calo nuovamente nel ruolo istituzionale e le dico che spero vivamente che l'episodio le sia servito di lezione.

«Certo prof. La prossima volta non l'affronto faccia a faccia, e non ci vado da sola. La prendiamo alle spalle e le rompiamo la schiena a bastonate.»

Appunto.

15 maggio 2009

La fine dell'anno scolastico non è lontana e sta per iniziare la frenesia degli ultimi compiti e interrogazioni (scusate, verifiche scritte e orali). Non ho mai capito perché alcuni colleghi si facciano una croce delle assenze degli studenti.

«Oggi dovevo interrogare Ciabatti e non c'era. Adesso come faccio che non ho voti sufficienti per classificarlo?»

E allora? Il problema dovrebbe essere, anzi è sicuramente, di Ciabatti, non mio. Ma ormai molti colleghi sono così compresi nel loro ruolo di parafulmine nei confronti di tutto e di tutti all'interno della scuola, che si assumono (volentieri?) anche ciò che non è di loro competenza. Per fortuna l'essere carogna mi aiuta a risolvere con facilità queste situazioni.

«Sia chiaro che, se a fine quadrimestre vi mancano dei voti, siete voi a dover venire a chiedere, per favore, di essere interrogati. In caso contrario, nell'ultimo giorno utile chiamerò tutti coloro a cui mancano uno o più voti. Una domanda a caso (difficile) su un argomento qualsiasi di tutto il programma. Le domande vengono poste anche agli assenti, i quali è verosimile che facciano scena muta e ricevano una valutazione di conseguenza.»

«Ma professore, non è giusto...»

«Che tu che sei presente, Giagnoni, non sia ancora stato interrogato? Sono d'accordo con te. Accomodati alla cattedra.»

Per il resto, meno studenti ci sono in classe, meglio è. Nell'aggregazione gli studenti si incanagliscono, cedono senza riserve alla logica del branco (io lo faccio diventare gregge, ma la sostanza non cambia) e danno il peggio di sé.

In alcune rare occasioni in cui, per esempio in seguito a uno sciopero dei trasporti, c'erano in classe solo quattro o cinque ragazzi, sono perfino riuscito a instaurare un dialogo con loro, come se si fosse trattato di persone normali. Non trovandosi vincolati al ruolo che dovevano abitualmente ricoprire di fronte agli altri, erano in grado di comportarsi con ragionevolezza e pacatezza, due sostantivi altrimenti sconosciuti.

Se poi, evento raro, entro in una classe vuota, perché gli infingardi hanno deciso di dare libero sfogo alla propria fannullaggine chiamandola sciopero, quasi mi commuovo per la gioia. Chiudo la porta dietro di me, vado a sedermi ponendo i piedi sulla cattedra e apro con soddisfazione il giornale. Ogni tanto lo abbasso per dare un'occhiata ai banchi vuoti: la mia classe ideale.

22 maggio 2009

In ogni scuola c'è il Filini della situazione, vale a dire l'insegnante che si preoccupa di organizzare cene, manifestazioni, festeggiamenti di ricorrenze e via dicendo. Qui da noi è Terenzi, impegnato in questi giorni nella raccolta dei contributi per il regalo a un collega che va in pensione: insegue tutti come un piazzista e non ti molla finché non cedi e, per togliertelo di torno, gli dai ciò che chiede. Sapendo che non potevo sfuggire, io ho già versato il mio obolo e ora lo vedo che parla con Baccili in sala insegnanti.

«A te non li ho neppure chiesti, perché sapevo che non era il caso.»

«Di cosa parli, scusa?»

«Dei soldi per il regalo a Gennari che va in pensione.»
«E perché non era il caso di chiedermeli?»
«Be', dopo quello che vi siete detti all'ultimo scrutinio, per poco non venivate alle mani...»
«E invece voglio contribuire. Assolutamente.»
«Scherzi?»
«Certo che no. Quanto è la quota?»
«Dieci euro. Gli compriamo...»
«Non mi interessa, per me va bene tutto, purché figuri anche io. Ci tengo. Ecco qua i soldi.»
«Come vuoi.»

Una volta che Terenzi se n'è andato faccio finta di non aver udito e chiedo:

«Di cosa parlavi con Terenzi?»

«Gli ho dato la mia quota per il regalo a Gennari.»

«Tu?»

«Anche lui era meravigliato.»

«E lo credo bene. Perché vuoi comparire nel regalo a Gennari?»

«A parte l'ovvio motivo che sono felicissimo che si tolga di torno, la Legnai mi ha detto in cosa consiste il regalo. Tu sai di che si tratta?»

«No.»

«Una stilografica e una targa.»

«E allora?»

«Sulla targa faranno scrivere i nomi dei colleghi. In ordine alfabetico. Io che sono Baccili comparirò per primo. Gennari riceverà una targa con il mio nome in bella evidenza. Voglio proprio esserci quando gliela consegnano per vedere che faccia fa.»

23 maggio 2009

La graziosa decurtazione dello stipendio per la malattia del mese scorso, che si sono prontamente premurati di praticarmi, mi riporta ancora una volta all'annoso quesito che amici, parenti, semplici conoscenti e l'immancabile primo cretino che passa per strada non mancano di pormi, con faccia solitamente ghignante e a presa di culo: ma chi te l'ha fatto fare?

A prima vista il ragionamento torna, fila, ha una sua logica, dirò di più: è applicabile in svariati campi dell'attività umana. Lo snocciolamento dei pinoli, per esempio.

Svolgi il degno mestiere di snocciolatore di pinoli e non ne sei soddisfatto, per molteplici ragioni (durezza del guscio, scarsezza del prodotto in paragone allo sforzo, e così via). Benissimo. Ti guardi intorno e decidi di applicare le conoscenze e l'esperienza acquisiti cercando occupazione in un settore più remunerativo. Invece di rompere i pinoli, rompi i coglioni a un politico e ti fai raccomandare per un posto in provincia. Problema risolto. Nessuno si lamenterà troppo per uno snocciolatore di pinoli in meno. Dirò di più: se l'intero settore dello snocciolamento di pinoli, pur con tutto il rispetto per la sua importanza, dovesse andare a rotoli, la società sopravviverebbe senza eccessivi problemi. Lo snocciolamento dei pinoli è un'attività che può essere autarchica.

Ma la scuola?

Che succederà della scuola se la lasciamo in mano a Tremonti e ai suoi tagli?

Pensateci un attimo, superando l'orrore che genera questa prospettiva: la scuola pubblica che, non offrendo più resistenze dalla base, rimane in completa balia di Gelmini, Brunetta, Tremonti e soci.

Lo stesso che assumere un pedofilo come babysitter.

Se io dico «ma chi me l'ha fatto fare» e rinuncio, se le decine di migliaia di miei colleghi che nonostante tutto tengono in piedi un servizio pubblico molto migliore di chi lo gestisce dicono «ma chi me l'ha fatto fare» e rinunciano, che ne sarà della scuola? Non facciamoci ingannare dal fatto che sia stata relegata in un angolo e considerata un aspetto accessorio della società. (Un esempio? Negli stessi giorni in cui le prime pagine di giornali e telegiornali erano costantemente occupate dal problema Alitalia, con la possibilità che alcune migliaia di persone rimanessero senza lavoro, la legge finanziaria introduceva dei tagli che avrebbero portato alla perdita di OTTANTAMILA posti di lavoro nella scuola. Qualcuno se n'è accorto? Eppure si può vivere senza compagnia aerea di bandiera, ma senza scuola...)

Come sarà la scuola, se ancora si potrà chiamarla tale, in mano a queste persone?

A chi chiama l'istruzione *education* e se poi deve tradurre *education* in italiano sbaglia clamorosamente dicendo «educazione» (in inglese *upbringing*) invece di «istruzione».

A chi d'inglese, appunto, non sa un cazzo, ma propone di insegnare la storia e la geografia in inglese, intromettendosi in faccende di cui, appunto, non capisce un cazzo.

A chi... Ma vediamola, questa scuola.

...

Gli studenti sono chini sui compiti d'esame.

Gironzolo fra i banchi, controllando. Mi avvicino a Bassani, il più debole nella mia materia, e facendo finta di niente gli deposito un foglietto sul banco.

«Qui c'è tutta la soluzione. Copialo e poi fallo girare» gli sussurro guardando da un'altra parte, per vedere se il presidente si è accorto di niente.

Tutto a posto. Bassani inizia a copiare freneticamente, poi passa il foglio al compagno accanto. Nei momenti in cui la soluzione cambia di mano cerco sempre di creare dei diversivi per il presidente, in modo che non possa notare nulla.

Dopo un'ora circa di passaggi ben riusciti mi rendo conto di un problema. Mi alzo con la scusa di fare un altro giro di controllo e mi avvicino alla zona critica.

Il problema è Landetti.

Lo sapevo.

Quella stronza mi vuol fregare.

«Allora?» bisbiglio accanto a lei, facendo finta di niente. «Perché non vuoi copiare?»

«Perché no. Consegnerò in bianco.»

«Copia!»

«No!»

«Copia o consegno ai tuoi il filmato che sai!»

La ragazza sbuffa e afferra con rabbia il foglietto, mettendosi a scrivere. Sicuramente ci metterà apposta qualche errore, per farmi dispetto, ma va bene lo stesso: li correggerò io imitando la sua grafia.

Soddisfatto, torno a sedermi alla cattedra, sotto la foto con aureola di Gelmini Mariastella, la ministra santa subito, beatificata già in vita. Sono a posto: con i risultati di questo esame il prossimo scatto stipendiale (si chiama ancora così) è garantito.

...

Vi siete persi qualcosa?

Niente paura, ecco un riassunto di cosa è successo e di cosa succederà.

Ci avevano provato già nel secolo scorso a inserire un «misuratore della qualità dell'insegnamento». Il primo era stato il ministro Berlinguer, con quello che è passato alla storia come il «concorsaccio». La sua pensata geniale (ma perché non danno il Nobel della cazzata? All'Italia non ne sfuggirebbe uno) era stata la seguente: istituiamo due categorie di insegnanti: serie A (pagati meglio) e serie B. Primo problema, già di per sé insormontabile: come avrebbero fatto presidi, provveditori e ministro a fronteggiare le masse di genitori infuriati, una volta che costoro avessero scoperto che, per esempio, nella sezione del loro figlioletto c'erano solo insegnanti di serie B, o comunque di più che in altre sezioni? Con che coraggio poi gli insegnanti di serie B sarebbero andati in classe, esposti al ludibrio degli studenti: «Allora prof, quest'anno si è preparato bene per il campionato? Ce la farà a ottenere la promozione?».

Ma veniamo al metodo con cui veniva effettuata la selezione dei più meritevoli.

Un quiz.

Avete letto bene, un quiz a scelta multipla, del tipo *Chi vuol essere milionario.* Una serie di domande, ognuna con più risposte. Una crocetta sulla risposta corretta e avanti tutta. Vince chi ne indovina di più. Nessuna meraviglia che si fosse meritato il nome di concorsaccio.

Nessuna meraviglia neppure per il fatto che tutto si sarebbe risolto nel solito pasticciaccio; il concorso, poi abortito, non era ancora stato bandito che già si trovavano in «vendita» su internet le risposte ai quiz ministeriali, a duecentomila lire (siamo nel 1999), di contro ai sei milioni annui di aumento previsti per la serie A.

Tutto sommato un affare.

Abortito come si è detto il concorsaccio, iniziò a farsi strada un concetto, se possibile, ancor più pericoloso, l'idea cioè (e qui siamo oltre anche al premio Nobel) che la qualità dell'insegnamento dovesse misurarsi in base al successo degli studenti.

In parole povere: se nella classe X la media dei voti di latino è sette e nella classe Y la media è sei, significa che l'insegnante della classe X è più bravo. Se questo principio fosse vero, potrei prendere la squadra di calcio vincitrice dello scudetto e la squadra di un dopolavoro ferroviario, scambiare gli allenatori e attendermi che il dopolavoro ferroviario sconfigga seccamente i campioni d'Italia.

Più verosimilmente, il dopolavoro perderebbe comunque dieci a zero. Più verosimilmente, se scambiassimo gli insegnanti di latino delle classi X e Y, ciascuna manterrebbe la sua media. Quest'ultimo anzi è un fatto che si riscontra quotidianamente nella pratica dell'insegnamento, senza bisogno di azzardare ipotesi: grazie alle politiche governative che alimentano da secoli il precariato degli insegnanti, la cosiddetta continuità didattica è quasi sempre un'utopia, e non è raro che su una stessa disciplina una classe sperimenti cinque insegnanti diversi in cinque anni di corso. La media dei voti subisce in questi casi oscillazioni minime; com'è normale alcuni studenti si troveranno meglio con un insegnante che con un altro, ma nel complesso non ci saranno variazioni di rilievo.

Ma, nella migliore tradizione di disprezzo delle indicazioni della base, la ministra santa subito Gelmini Mariastella nell'anno 2010 ha finalmente dato corpo al metro valutativo degli insegnanti sulla base dei risultati degli studenti. Gli insegnanti avanzano di grado quanto più sono bravi i loro alunni.

I risultati sono stati straordinari. Aveva ragione la ministra: quei fannulloni degli insegnanti si sono finalmente decisi a insegnare qualcosa alle giovani menti desiderose di abbeverarsi alle fonti del sapere. Miracolosamente sono scomparse le bocciature e i voti sono lievitati in maniera mai vista in precedenza.

Modestamente io sono uno dei più brillanti: non ho nessuno con la media inferiore al dieci. Mi preparo scrupolosamente fin dal primo giorno di scuola: quando segno i nomi sul registro li faccio subito seguire da una sfilza di dieci che copre l'intero anno scolastico. Non si sa mai, dovessi ammalarmi e al supplente venissero in mente strane idee.

Ho già fatto una brillante carriera, anche se purtroppo non è così facile. Gli studenti sono rimasti gli stessi di sempre, con la loro eterna tendenza a metterti i bastoni fra le ruote. Avete appena letto di come Landetti, con cui ho litigato nel corso dell'anno, volesse sbagliare apposta il compito d'esame, ben sapendo di causarmi un danno.

Per fortuna i miei anni da carogna continuano a servirmi, per fortuna gli studenti non sono rinfurbiti. Ho aperto un archivio, una graziosa collezione di dvd, dove memorizzo i filmati scaricati da YouTube. Landetti, per esempio, ha avuto la geniale pensata di mettere in rete il filmato della sua prima canna, grazie al quale ho potuto ricattarla e convincerla a fare il suo bravo compitino.

Potreste chiedervi come faccia a rintracciare i filmati che mi sono utili nella massa sterminata di quelli presenti in rete. Bene, ho i miei informatori.

Chi?

I secchioni, naturalmente.

Mi dicono dove rintracciare i filmati compromettenti e io in cambio faccio loro lezione.

Già, le lezioni.

Come potrete ben capire, la prima cosa a scomparire dopo l'introduzione del sistema di valutazione degli insegnanti è stata lo studio. Già gli studenti seguivano poco prima, figurarsi una volta saputo che la promozione è garantita.

I migliori, quelli che vogliono imparare, i secchioni, studiano ormai da tempo privatamente. Come ricompensa per le informazioni faccio loro lezione anche a scuola, un'attività che altrimenti è ormai scomparsa da tempo.

Giugno

4 giugno 2009

Siamo agli ultimi giorni di scuola e le mattinate si trascinano stancamente. Con il programma ormai terminato e per dare un po' di respiro nelle ore più afose, consento anche la «discussione su temi di attualità», che a cose normali mi pare una fesseria (e anche adesso, ma bisogna pur aspettare l'ultima campanella).

Li faccio scegliere un tema e vengo così a conoscenza dell'esistenza di un comico, per me assolutamente ignoto, ma che pare riscuotere un certo successo presso gli adolescenti e risponde allo strepitoso nome d'arte di Billy Ballo. Costui, mi rendono edotto gli studenti, è balzato agli onori (o meglio ai disonori) della cronaca pochi giorni or sono perché denunciato dai genitori di una tredicenne, che aveva conosciuto attraverso internet e poi sedotto.

Dentro di me mi compiaccio con gli studenti per la scelta dell'argomento, che consente di mettere in luce uno dei grossi pericoli cui vanno incontro.

Per fortuna, però, non ho espresso ad alta voce il mio apprezzamento, poiché sono sufficienti pochi interventi per capire come i ragazzi – e anche le ragazze – siano in massa dalla parte di questo Ballo.

«Ha fatto proprio bene» sottolinea Scrocci Francesca, «tanto le tredicenni sono tutte zoccole.» (Provenendo da una quattordicenne, suppongo si tratti di un parere dato con cognizione di causa).

«È stato fesso soltanto perché si è fatto beccare» rincara Gemoni Manuel (il quale forse spera un giorno di emularlo, fatta eccezione per la parte relativa al carcere).

Mi tengo prudentemente in disparte finché, dopo un po', provo a far convergere la discussione su un altro caso di seduzione di minorenne che in questi giorni è sulla bocca di tutti.

Anche qui c'è unanimità di sentimenti.

«Che culo che ha avuto Noemi a piacere a Silvio!» sintetizza per tutti Ardenghi Sofia.

«E in cosa sarebbe stata fortunata?» mi azzardo a chiedere, «non si tratta certo di un bel giovanotto.»

Vengo guardato quasi con commiserazione da Ardenghi, che mi spiega con enfasi come entrare a far parte dell'harem delle preferite del premier-sultano costituisca una meta esistenziale ambitissima: «E chi ti leva più dal gossip?».

E pensare che ai miei tempi c'era chi sognava di farsi una posizione studiando e lavorando! Vorrei farglielo notare, ma poi taccio. Se continua a spirare questo vento e se Ardenghi (decisamente una bella ragazza) riuscisse nel suo intento, fra qualche anno potrei ritrovarmela ministro dell'Istruzione per «meriti speciali».

5 giugno 2009

Dopo un dibattito stancante quanto inutile, si vota. Il preside ricorda che non ci si può astenere, poi chiede: «Chi è per la promozione di Aresma Giuditta alzi la mano». Se ne alzano sei. Abbiamo perso. «Chi è per la bocciatura alzi la mano.» Siamo in cinque. «Promossa alla classe terza.»

I dibattiti fra innocentisti e colpevolisti del delitto di Cogne sono dispute dilettantesche in confronto a quelle che sorgono ogni fine anno scolastico per le bocciature e le promozioni.

A parte il cinema, il mondo dei professori è l'unico altro ambiente nettamente diviso fra buoni e cattivi (inutile specificare a quale dei due partiti io appartenga) che combattono fra loro senza l'aiuto degli effetti speciali, però con effetti verbali a volte molto pittoreschi. Non solo: la scuola, insieme al cinema, è anche l'unico mondo nel quale quasi sempre vincono i buoni.

È negli scrutini finali che si rivela infatti la natura mite dell'insegnante. Quando si arriva a tirare le somme, quando giunge il momento di optare con decisione per il sì o per il no, l'insegnante medio si impietosisce, dimentica, buoneggia. A fine anno non contano più le arrabbiature, le mille volte in cui ci si è sentiti presi per il culo, i milioni di volte in cui si è minacciata, promessa e assicurata la bocciatura.

Niente. A fine anno prevale la pietà. Nel caldo di giugno si sciolgono tutti i rancori e trionfa la logica del *volemose bene*.

In pochi continuiamo imperterriti a proporre le bocciature, consapevoli del fatto che, se lo studente ha adottato per tutto l'anno la politica del dolce far niente e si vede premiato, sarà ben felice di replicarla l'anno successivo.

Ma la lotta è dura e quasi sempre soccombiamo. Solo nei politici che votavano l'indulto ho visto uno zelo altrettanto ardente nel condonare le malefatte.

I risultati sono noti.

9 giugno 2009

Il giorno dopo i risultati delle elezioni comunali. Nella nostra scuola si contavano sette fra candidati alla carica di sindaco o di consigliere. Tutti trombati. Una strage. All'entrata ne parlo con Baccili.
«Hai visto la faccia di De Cataldi? Diciassette preferenze. Se consideri che in famiglia fra fratelli, cognati e parentela varia saranno una cinquantina...»
«E Nessi? Parlava già da sindaco. E amministriamo qui e amministriamo là e facciamo alleanze... e poi non è andato neppure al ballottaggio. Non dovrei dirlo, ma ci godo.»
«A proposito, tu per chi hai votato?»
«Per Nessi.»
«?!?»

«Sai quanti anni sono che aspetto il permesso per costruire un garage? Mi aveva promesso che, se passava lui, era cosa fatta.»

13 giugno 2009

A fine anno scolastico e nel periodo immediatamente successivo si aggira una mina vagante, pericolosissima e pronta a colpire tutti gli insegnanti, senza distinzione.

Si chiama cena di classe.

Nelle cene di fine anno l'insegnante si lascia andare, diventa compagnone, familiarizza con gli studenti, dimentica le baruffe dei mesi passati.

Grave errore, perché gli studenti invece non dimenticano i torti, o presunti tali, subiti nel corso dell'anno. Sobillano l'insegnante a bere, lo incitano a confidarsi, lo fanno mettere in posa per amichevoli fotografie.

Risultato?

Foto e filmati almeno all'apparenza compromettenti iniziano a circolare già dal giorno seguente su Facebook e YouTube, accompagnati da commenti che li rendono ancor più compromettenti. Frasi e dichiarazioni imprudenti vengono ripetute come un tam tam su Messenger, accompagnate da commenti che le rendono molto più che imprudenti.

Ho visto colleghi che in queste occasioni si sono lasciati andare a confidenze agghiaccianti: resoconti su spinelli fumati, racconti di avventure con studentesse, malignità di ogni genere su colleghi non presenti, il tutto magari condito di qualche esagerazione, giusto per farsi del male.

E del male se ne fanno, e non poco.

«Prof, ci racconti ancora di come era suonato quella volta che si è rollato una canna insieme alle biondine olandesi...»

«Ora no, ragazzi, siamo in classe. Pensiamo a fare lezione.»

«Ma non ha detto che fa bene la professoressa Giulebbi che in classe legge il giornale e non combina un piffero e che da ora in poi anche lei avrebbe fatto così?»

«Dicevo per dire...»

«Veramente la Giulebbi quando glielo abbiamo riferito ha pensato che lei dicesse sul serio.»

Morale: come per le gite, meglio astenersi.

15 giugno 2009

Sono anche in commissione per l'esame di maturità.

L'esame lo fanno gli insegnanti più che la formula. Da studente io ho fatto l'esame ritenuto più facile – quello che, essendo sperimentale, è durato più di tutti gli altri – con due soli scritti e due sole materie all'orale.

Ebbene, era molto più difficile di qualsiasi esame si faccia oggi. Perché la commissione d'esame era una vera commissione d'esame, i professori erano tutti sconosciuti che venivano da lontano, un nome seguito da una città, e non c'era neppure internet per andare a scovare notizie su di loro.

E d'altra parte così dovrebbe essere. Il senso dell'esame, di qualunque esame, è che la tua preparazione sia valutata da un esterno, che non conosce né vuole conoscere la persona, ma soltanto misurare oggettivamente dei risultati. Ma anche sull'esame di maturità si è abbattuta la furia iconoclasta dei politici «riformatori». Fino all'assurdo della ministra Moratti che, per risparmiare più del risparmiabile, pensò bene di far fare i commissari d'esame agli stessi insegnanti della classe. Come se nel calcio si decidesse che la domenica ad arbitrare le partite devono andare gli allenatori delle squadre che giocano. Nessuno permetterebbe una castroneria simile.

Non nel calcio, noto punto di forza del sistema Italia.

Nella scuola, invece, noto ventre molle della nazione, avanti tutta. Non si sa mai, dovessero fare le Olimpiadi della cazzata è bene farsi trovare preparati.

E d'altra parte, non potendo risparmiare sul calcio, che regge le sorti della patria, non potendo risparmiare sugli stipendi dei ministri, che reggono le sorti del proprio portafoglio, si finisce inevitabilmente per risparmiare sulla scuola, che regge solo le sorti dell'istruzione (calciatori e ministri vi sono passati attraverso indenni).

30 giugno 2009

Le biblioteche scolastiche, salvo rare eccezioni, sono cimiteri degli elefanti. Vi si può trovare di tutto, tranne i libri che avrebbero senso in una biblioteca scolastica. Il motivo è semplice: per la maggior parte sono state costituite all'apertura di quel determinato edificio scolastico e poi sono rimaste così com'erano.

Vi si trovano perciò edificanti enciclopedie per la gioventù degli anni Cinquanta, interessanti raccolte di leggende lapponi e finniche, ponderosi volumi di storia locale, mai toccati (figuriamoci letti) da mano di studente.

Il motivo? Semplice: dei libri non frega niente a nessuno. Le biblioteche scolastiche svolgono la stessa funzione dei libri finti che si trovano nelle esposizioni di mobili: riempiono gli scaffali vuoti.

Ovviamente è anche un problema di soldi, non tanto per l'acquisto dei libri, quanto per la loro gestione. Si dovrebbe poter pagare un bibliotecario, ma ovviamente i fondi mancano quasi sempre e tutto è in genere affidato al volontariato degli insegnanti.

Accade però a volte di fare scoperte interessanti.

La biblioteca torna spesso utile al momento degli scrutini estivi. Situata di solito in qualche stanza recondita e buia, offre un rifugio fresco negli afosi pomeriggi di giugno dedicati alle operazioni di chiusura dell'anno scolastico. Durante uno di questi scrutini, alzatomi un attimo per sgranchirmi le gambe, mi cade l'occhio sul dorso di uno dei tanti libri allineati tristemente sugli scaffali. Come accade nei film, registro il titolo nella mente e passo oltre, per poi fermarmi di colpo alcuni secondi dopo, una volta realizzato ciò che davvero ho letto.

Tornato sui miei passi, estraggo il libro, sollevando una nuvola di polvere che mi attira le lamentele dei colleghi seduti lì vicino, e mi sincero che sia davvero come ho letto.

Attività didattiche per sub-normali.

Proprio così, nero su bianco: «sub-normali», con il trattino in mezzo. Pubblicato da un prestigioso editore di saggistica nell'anno 1967.

Oggi, a distanza di appena quarant'anni, se un insegnante si azzardasse a qualificare come subnormale (con o senza il trattino) un proprio allievo si vedrebbe subissato di cause e probabilmente strapperebbe anche qualche titolo in cronaca locale.

Senza dare nell'occhio mi approprio del volume, del quale certo nessuno noterà mai la mancanza.

Non si possono trattare gli studenti da subnormali, ma nessuno può vietarmi di regalare loro dei libri...

Luglio

1 luglio 2009

Siamo quasi alla fine anche di questo anno scolastico, occupati, tanto per cambiare, con le ultime formalità burocratiche. Se sono noiose a novembre, nei trentacinque gradi di luglio sono allucinanti.

A metà della compilazione di un giudizio d'esame, mi perdo di nuovo a immaginare il futuro.

...

Il preside (ormai siamo rimasti in pochi a chiamarlo così, il suo nome adesso è Direttore della Produttività Scolastica) passeggia avanti e indietro davanti a noi. Quando fa così si sa che sta per colpire e fra le fila degli insegnanti serpeggia il nervosismo. D'improvviso si ferma e lascia vagare lo sguardo su di noi, uno per uno. Guarda nella mia direzione, quindi sono tranquillo: non sono io l'oggetto di ciò che sta per venire. Infatti, mentre non distoglie da me gli occhi, chiama seccamente: «Giordani!».

Dall'altro lato della sala riunioni Giordani sobbalza sulla seggiola. È una nuova e va subito nel panico.

«Che c'è?»

«C'è che non ci siamo, Giordani. È vero o no che lei ieri ha fatto un appunto sul comportamento di Natoli?»

«Sì, ma...»

«Basta il sì, non ci sono ma. Sa di chi è figlio Natoli?»

«Veramente...»

«Veramente sì o veramente no?»

«Ecco...»

«Lo prendo per un sì. Inutile che le ricordi il Corporate Act della ministra santa subito Gelmini Mariastella, che ha trasformato le obsolete istituzioni scolastiche in moderne fondazioni. Scelta oculata quant'altre mai, che ha sgravato lo Stato di inutili spese. Ma, ahimè, le fondazioni sopravvivono solo se ci sono generosi finanziatori e non si tratta di una specie sovrabbondante. Tramite un grosso impegno personale sono riuscito ad assicurare al nostro Educational Project (se sento qualcuno che ancora lo chiama liceo, lo licenzio in tronco) sono riuscito, dicevo, ad assicurarci un cospicuo contributo da parte delle Industrie Natoli. Contributo vincolato alla soddisfazione dell'erogante, che può in qualunque momento ritirarlo se ritiene che il nostro servizio non sia più all'altezza di ciò che ci si aspetta da noi. Ebbene, stante tutto questo, lei, professoressa Giordani, mi va a fare un rimprovero al figlio dell'azionista di maggioranza delle Industrie Natoli? Il quale azionista mi telefona alle undici di sera per lagnarsi del contraccolpo psicologico che il suo erede (e quindi auspicabilmente futuro contribuente di una scuola della quale conserverà un ottimo ricordo) ha subìto a seguito di un ingiusto e immeritato cazziatone.

«Basta.

«Non aggiungo altro.

«Nota di demerito. È la prima, professoressa Giordani, e spero non si aggiungano mai le altre due che sarebbero sufficienti per il suo immediato licenziamento.

«Potete andare.»

Abbiamo tutti assistito a una dimostrazione del motto che ormai da anni il ministro a vita per meriti speciali Brunetta ha voluto fosse scolpito su lastre di marmo all'ingresso di ogni edificio pubblico: «Colpirne uno per educarne cento».

4 luglio 2009

Vacanze. Posso chiudere.

Ormai ho appurato che per risolvere i numerosi problemi della scuola sarebbe sufficiente interpellare i primi quattro cretini che passano per strada. Lo so, lo so che se ci arriva un cretino dovrebbe arrivarci anche la classe politica.

Appunto.

Dovrebbe.

30 luglio 2009

Miracolo! Dopo tanti anni di onesto precariato, è successo: sono passato di ruolo.

Mi hanno telefonato dal provveditorato e domani mattina vado a firmare il contratto.

31 luglio 2009

È fatta. Ho firmato e il primo settembre prenderò servizio da insegnante di ruolo.

E adesso? Mi aspetta l'anno di prova, non potrò più fare la carogna. Fine di una luminosa carriera. Che sia il caso di ravvedersi? Conosco bene il preside della scuola a cui mi hanno assegnato, così come lui conosce bene me, purtroppo...

«Carissimo preside, ho sempre grandemente apprezzato il fatto di lavorare presso la sua scuola, e sono ben lieto di tornarvi...»

Epilogo

Dal diario di Borracchini Emilio, quarta C

«Ancora la solita gag penosa. Eccolo lì, con il dito che scorre su e giù per il registro, come se non si sapesse benissimo che ha già deciso chi interrogare. È troppo ovvio che chiamerà De Marco; guardala lì che trema come una foglia, anche un idiota si accorgerebbe che non ha aperto libro. Fra poco il prof alzerà la testa e fisserà lo sguardo su qualcuno che non vuole interrogare veramente... Infatti, è toccato a Panconi, e quello scemo si è già messo in agitazione. De Marco, invece, più scema di lui, pensa di essersela cavata.

«...

«Come volevasi dimostrare. Farà il culo a De Marco.»

Neanche io ho aperto libro, ma con Perboni non è un problema: basta fargli credere che capisce tutto soltanto lui, che non sei capace di fingere, che lo temi, e lo freghi sempre.

Il prof. ideale.

Finito di stampare nel mese di ottobre 2009 presso
il Nuovo Istituto Italiano d'Arti Grafiche - Bergamo

Printed in Italy